高职高专“十二五”规划教材

现代推销实务

主　编　杨芳琼　傅　翔
副主编　郭　英
参　编　但秀丽　朱　凤

机械工业出版社

本书分为七个项目，分别为：推销概述、推销准备、寻找客户、接近客户、推销洽谈、客户异议处理和项目促成交易。本书立足实际需要，着眼于理论与实践的结合，考虑到高职教育主要是面向营销第一线培养高级应用型人才。作为一名基层营销人员在实际工作中，中规中矩地坐下来谈判的机会并不是很多，更多的是要学会在推销活动中如何与人沟通。基于这样的认识，我们认为很有必要把传统的“推销技术”与“商务谈判”两门课程进行整合。在具体的整合方式上，本书不是简单地把两者压缩在一起，而是大胆创新，按照基层营销人员的工作过程谋篇布局，力求把谈判的思想与策略有机地融合到推销实务的各个项目之中。

本书可作为营销管理类的高等职业教育或大专学习的教材，也可作为推销专业人员培训用书，还可作为营销、管理类的读者自学的参考书。

为方便教学，本书配备电子课件等教学资源。凡选用本书作为教材的教师均可索取，请发送邮件至 cmpgaozhi@sina.com，咨询电话：010-88379375。

图书在版编目(CIP)数据

现代推销实务/杨芳琼，博翔主编. —北京：机械工业出版社，2014.4(2018.7 重印)

高职高专“十二五”规划教材

ISBN 978-7-111-46265-1

Ⅰ. ①现… Ⅱ. ①杨…②傅 Ⅲ. ①推销-高等职业教育-教材 Ⅳ. ①F713.3

中国版本图书馆 CIP 数据核字(2014)第 061345 号

机械工业出版社(北京市百万庄大街 22 号 邮政编码 100037)

策划编辑：孔文梅 责任编辑：孔文梅 张 亮 刘 畅

版式设计：常天培 责任校对：黄兴伟

封面设计：陈 沛 责任印制：常天培

北京机工印刷厂印刷

2018 年 7 月第 1 版第 4 次印刷

184mm×260mm · 9.5 印张 · 203 千字

6901—8800 册

标准书号：ISBN 978-7-111-46265-1

定价：22.00 元

凡购本书，如有缺页、倒页、脱页，由本社发行部调换

电话服务

服务咨询热线：010-88379833

读者购书热线：010-88379649

网络服务

机 工 官 网：www.cmpbook.com

机 工 官 博：weibo.com/cmp1952

教育服务网：www.cmpedu.com

金 书 网：www.golden-book.com

前　言

随着社会主义市场经济体制的建立和完善及经济全球一体化进程的加快，企业之间的竞争日趋激烈，能否顺利地实现产品的销售，关系到企业的生存和发展。而产品销售过程中的推销与谈判无疑是经营活动的重头戏，怎样有效地开展推销与谈判活动已成为销售人员必须具备的专业技能之一，而且企业也迫切需要能够掌握这方面技能的应用型人才。

推销与谈判是基层营销人员的两项重要工作，但两者在实际工作中又不能全然分开，谈判是为了能进行有效推销，推销又离不开谈判这一重要手段。考虑到高职教育主要是面向营销第一线培养高级应用型人才，作为一名基层营销人员工作中正正规规坐下来谈判的机会并不是很多，更多的是要学会在推销活动中如何与人沟通。基于这样的认识，我们认为很有必要把传统的“推销技术”与“商务谈判”两门课程进行整合。在具体的整合方式上，本书不是简单地把两者压缩在一起，而是大胆创新，按照基层营销人员的工作过程谋篇布局，力求把谈判的思想与策略有机地融合到推销实务的各个项目之中。本书主要有以下几个方面的特点：

1．高职特色鲜明，编写风格新颖

本书体现了高职教育“理论必需、够用”的原则，强调能力本位的指导思想，适应教学改革与课程建设的需要，精讲基本知识与基础理论，重点突出推销与谈判技能的培养。能力只有在特定的情景中才能得到有效培养和提高，本书特意在每一个项目前根据高职学生的特点，独创性地设计了“情景模拟”环节，旨在帮助学生先通过感性认知，激发学习热情和创新思维，并结合情景资料，以任务引领方式让学生在轻松的角色体验或实训演练中领会知识、增强技能，体现了鲜明的高职特色。

2．理论联系实际，突出技能培养

推销与谈判具有很强的操作性。因此，本书内容必须紧密联系实际，贯彻“学以致用”的原则。本书每一个任务前的“情景重现”，让学习者先接触与教学内容密切相关的实践性素材，以获得一些相关感悟与思考。本书中穿插安排了许多针对性强、内容精练的实战案例与技能训练项目。每个项目后面的习题中都专门设计了“实训项目”，包括课内模拟演练和课外实战训练两类，通过实训演练融“教、学、做”于一体，较好地体现了高职学用结合、理论联系实际、突出技能的教学要求。

3．教材形式活泼，取材丰富

本书每个项目开篇首先明确了学习目标，包括“能力目标”和“知识目标”，明确了“训练重点”，项目后有“项目综合训练”方便学生进一步学习和体验所学知识。

本书由杨芳琼、傅翔担任主编，负责课程内容体系的构建、设计和编写，由郭英任副主编。具体编写分工如下：杨芳琼负责编写项目一，郭英负责编写项目二，朱凤负责编写项目

三、四，傅翔负责编写项目五、六，但秀丽负责编写项目七。

本书在编写过程中，参考了大量资料，并从公开发表的书籍、报刊和网站上选用了一定的案例和资料，特向有关单位和个人表示诚挚的谢意。

由于编者的水平和能力有限，书中难免存在疏漏与不妥之处，敬请同行专家和广大读者批评指正。

编　者

目　录

项目一
推销概述

➲ 能力目标

1. 能够准确、规范地描述推销的概念
2. 能够灵活运用本项目的知识进行案例分析

➲ 知识目标

1. 了解推销的含义
2. 熟悉推销活动的特征

➲ 训练重点

1. 认识推销
2. 体验推销

【情景模拟】

尝试推销

两位同学一组，分别扮演推销人员和客户，以某一常见的商品作为推销品，推销人员尝试把商品推销给客户。一次练习结束，转换角色继续演练。推销游戏结束后，相互交流感想。

讨论与交流：

结合本次演练，谈谈推销活动的基本要素和特点是什么？

任务一 认识推销

【情景重现】

陈浩的推销行动

陈浩是中国人寿保险公司的一名推销员。刚开始出去推销保险时，他刚向客户说明来意，客户就说："我没有兴趣！不过只要时间不太长，你可以说说看。"

"只要三分钟的时间就够了。我的建议是，疾病死亡的可以获赔20万元，意外死亡的可以获赔40万元，医药费用2万元，将来期满可领20万元！"陈浩满头大汗地解释道。

"这些我都不需要！"客户说完，就低头忙自己的事。陈浩站在那里，不知该说些什么。突然他冒出一句话："如果发生什么事情，你的家人有没有什么保障？"客户停下手中的活，询问了一些保险方面的问题。当然，这笔保险业务陈浩没有谈成，因为他的专业知识太贫乏了，而且所谈的保险话题也不中听。

保险是无形的商品，要让客户一眼就觉察出它的价值，绝不是一件容易的事。但这正是富有挑战性的一面。

陈浩有一位客户，是一位社会工作者，谈到保险和理赔，他是一点兴趣也没有，他一心投入社会工作，对赚钱或储蓄的欲望不高。

"最近向国外申请的一笔基金一直下不来，这对我们残疾人教育推广计划的影响实在极大！"在一次偶然的交谈中，客户谈到了最近的苦恼，陈浩突然灵机一动：

"周先生，社会工作面临的最大困难是财务方面，对不对？其实，保险就是一项社会福利，只是把社会工作企业化经营而已，如果每位残疾人都有一大笔钱能解决他们的生活问题，那么他们自然能够再学习、再教育了，不是吗？"这番话吸引住了客户的注意，陈浩第一次为他展示了建议书，周先生同意考虑这个计划。

第二天，陈浩再去看他，周先生说这个计划很不错，但因为再过三个星期他就要到韩国、日本考察，所以等回国后再办。陈浩一颗盼望的心被浇了一盆冷水，可是他又希望客户能早一点投保。

"周先生，是这样，你早一天办，早一天得到保障，对你的家庭不是更好吗？"

“可是，我现在需要准备一些钱出国。”他面有难色，也说出了他的困难。

“周先生，我知道你的困难，但是你有没有想到，出国考察的这两个月是你一生中危险性比较大的时候？如果你现在办，可以提前两个月得到保障，也能使你安心出国。这样吧，你先缴这一季度的保费，等回国后再把余额缴完，如何？”

“喔，可以先缴一部分？”他非常兴奋。陈浩向周先生算了一下保费，也填好了安保书，客户要陈浩第二天上午 10 点去收钱。

第二天，陈浩排完了拜访计划，可是，9 点 10 分他突然接到周先生的电话：

“昨天我回家同妻子商量，她还是认为回国后再办，为了这件事，我们吵了架，我实在很抱歉，等我回国后再说吧！”

陈浩心中一愣，但还是抑制住了慌乱的情绪。

“这样吧，我现在就过去，我们当面谈谈！”陈浩没等客户回答，就把电话挂了。一进入办公室，周先生就给了陈浩一个苦笑。

“不好意思了，答应你的事又……”

“不要这么说，我也觉得不好意思，害得你们夫妻吵架，我知道你是很尊重你的妻子的，不过，你知不知道，这份保险除了为你妻子买以外，更是为你的三个孩子买的？”

“我知道，可是我没办法呀！”

“周先生，其实有件事你忽略了，你只考虑到你妻子的看法，你有没有考虑到你三个孩子的看法，你也忽略了你自己的愿望，你不是说过你要全力栽培你的小孩吗？这一点钱也不会影响你出国呀！”

周先生犹豫了一下，然后露出了坚定、充满自信的微笑：“好吧，现在就办！”这时，陈浩反而担心了：“那你妻子那边……”周先生摆出一家之主的架势：

“没关系，先斩后奏。”于是，他从抽屉里抽出一沓钞票，缴了第一季度的保费。

这件事情对陈浩有很大的启发，他对周先生有了深入的了解，所以能急中生智说出针对性的话来。这件事使陈浩悟出一个推销要领——对不同的客户，要强调不同的商品利益。

现在，陈浩对所有的拜访对象，都会提出同样一个问题：“为什么他特别需要这份计划（保险计划）？”除了一般的家庭生活费、子女教育费、医药费及晚年退休金外，还有什么？

三位年轻人合伙开一家公司，他们各有所长，在公司里都起举足轻重的作用，陈浩为他们设计了一份股东互保计划，并使他们的保费编入公司的固定费用支出。

一家船务代理公司的经理，他们夫妻都上班，有两个小孩，经济富裕，陈浩为他们设计了一份夫妻互保计划，当任何一个人发生事故时，另一个人就有能力独撑大局。

一位新创业的年轻人，陈浩为他设计了一份创业保险，作为他保险生活的起步，也是他经济完全独立的开始。

一位新婚的年轻人，陈浩为他设计了一份新婚保险，作为他负起婚姻、家庭责任的开始。

就这样，陈浩针对不同的客户，提出不同的计划，终于打动了客户。

讨论与交流：

1. 如果你是陈浩，你会怎样说服客户购买你的保险产品？
2. 结合陈浩推销的具体行动，谈谈你对推销的认识。

人类进行推销的历史十分悠久。有人认为当人类社会第一次出现“商品”这个概念时，推销就应运而生了，实际上，推销的历史与人类的文明几乎同样悠久。自从有了人类，就有了推销。人不能离开社会群体而孤立地存在，因此，每一个人都需要推销，同时，每个人都从事着推销。我们无时无刻不在推销着自己。男士推销着风度和才华；女士推销着温柔和漂亮；艺术家们推销着美感……在飞速发展的现代商品经济的今天，商品空前丰富，往往造成供过于求，所以，这些商品的销售都离不开推销，甚至可以说，推销成功与否直接决定着商品的命运和企业的兴衰存亡。

随着商品经济和科学技术的不断发展以及社会的不断进步，推销活动被注入新的内容和方式，焕发出新的生机与活力。可见，推销是一个既古老又年轻的概念。

一、推销的概念

（一）推销的含义

推销无处不在，人人都是推销员。但是，究竟什么是推销？人们对此有很多不同的看法。

有人说：

推销是说服人们需要你的商品、劳务或意见。

推销就是创造需求，让客户相信自己。

推销就是要说服别人买你的商品。

推销就是运用一切可能的方法把产品或服务提供给客户，使其接受或购买。

推销就是通过成功的沟通（说理、实证、感情、诱导等），赢得对方的理解和信任，从而接受你以及你的观念和物品。

推销就是战斗，就是与拒绝打交道，就是勇气、热情、忍耐、勤奋地工作、执着地追求，就是时间的魔鬼。

……

各种说法莫衷一是。我们认为，推销可以从广义和狭义两个角度来理解。

广义上的推销，泛指人们在社会生活中，通过一定的形式传递信息，让他人接受自己的意愿和观念或购买商品和服务。在日常生活中处处可见推销，如老师要求学生上课认真听讲，老板要求员工努力工作，家长要求孩子多吃蔬菜少吃垃圾食品等都是推销。再如，市场上的小商贩向路人演示其产品的使用，政治家游说市民支持其政见等，这些都是推销的表现形式。可见，推销是一种人人都熟悉的社会现象，是每个人都在进行的活动。一个人只要生活在这个世界上就要和形形色色的人发生各种联系，产生各种交往。一个人要生存，要取得成功，就要不断地推销自己，用其推销技巧获得别人的理解、支持、好感、友情、爱情以及事业上的合作。

狭义上的推销，是指推销人员以满足双方利益或需要为出发点，主动运用各种技巧，向客户传递产品的信息，使其产生接受或购买行为的活动。从狭义上理解的推销，主要是指企业的推销人员从事的推销工作，是以推销人员为推销的发起者，以产品为推销内容，以目标客户为推销对象的活动。本书所讨论的推销是指狭义的推销。

（二）推销的构成要素

推销的构成要素包括推销人员、推销对象和推销品。

1. 推销人员

推销人员是指经过训练以推销为职业的人员，他是主动向个人或组织推销产品或服务的推销主体，他的主要任务是了解并满足客户的真正需求。推销人员作为企业与客户间的纽带与桥梁，肩负着为客户提供服务、为企业推销产品或劳务的双重任务。

推销人员要成功地推销产品或劳务，首先要成功地推销自己，使客户在乐意接受推销人员的基础上接受被推销的产品。人们通常认为，推销人员一定要能言善辩、思维非常活跃，才能赢得客户的认可。实际上，很多不健谈、朴实真诚的推销人员也能获得客户的尊重与信任。

推销人员要取得良好的销售业绩就必须掌握一定的知识，通过实践把握推销的基本规律，同时还要具备良好的品质和素养，如真诚、机智、执着。有潜质的推销人员善于学习，但并不去完全仿效别人的成功经验，而是不断摸索适合自身条件和客观情况的个性化的推销方式。

张萍大学毕业后进入一家食品研究所做推销工作。她第一次出去推销的经历让她很意外。她前往一家公司推销一种刚研究出来的新产品，到了公司，她拿出几瓶样品怯生生地说："这是我们刚研制的新产品，请你们销售。"公司经理好奇地打量了一眼这个文绉绉、怯生生的推销人员，正要一口回绝，一个重要的电话打进来，他就随口说了一句："你稍等。"重要而漫长的电话之后，经理已经忘记了这件事。就这样，张萍坐等了几个小时。临下班时，经理才发现这位等回话的推销人员等了好几个小时，非常感动。面对这个腼腆毫无经验的推销人员，经常与吹得天花乱坠的推销人员打交道的经理，内心感到非常踏实，当场拍板进货。

2. 推销对象

推销对象又称客户或购买者，是推销活动中接受推销人员推销的主体，具体包括各类客户和购买决策人等。推销对象是推销人员从事推销活动的说服和服务的对象。

在推销的三大构成要素中，推销人员和推销对象是推销活动的主体。推销对象之所以成为推销主体，是因为他不仅以购买者的身份参与推销过程，而且在大多数情况下，还在推销过程中扮演生产决策人的角色。据统计，最近几十年里，很多大公司制造出来的产品，尤其是尖端技术产品，有80%以上是在客户的启发下或者完全根据用户的要求设计出来的。这就对推销人员提出了更高的要求，他必须具有良好的专业背景，认真与客户沟通，确认客户的需要，并将收集的信息正确反馈给公司以保证产品或服务是按照客户的需求定制的。

3. 推销品

推销品是指被推销的产品，它是推销活动的客体。推销客体一方面依赖于推销主体力量的推动；另一方面又要求推销主体在推销过程中遵循它的运动规律和特点。推销品的质量、性能、物理特性、技术要求等与推销活动的具体方式和难易程度紧密相关。推销人员必须牢固掌握推销品的特性、用途以及维修保养知识，广泛收集并掌握市场同类产品的信息，摸清推销品给推销对象带来的独特利益和好处，从而采取正确的推销策略，才能使推销工作顺利展开。

在苏宁电器洗衣机销售区域，一位客户正在犹豫是买一台海尔的洗衣机还是买一台三洋的洗衣机。该客户看中了海尔的这款洗衣机容量大，功能新——双动力，可以有效地减少机器对衣服的磨损程度。同时，在推销员的介绍之后，该客户了解到，有一款三洋的洗衣机，虽然没有以“双动力”命名，但其工作原理就是“双动力”，而且，三洋的价格比海尔的这款洗衣机更便宜一些。

正当该客户犹豫不决的时候，他突然想到一个决策标准。“谁更省水，我买谁。”得知这一信息，推销员就告知这位客户，三洋的洗衣机启动水位很低，可以根据衣服的量来具体调节用水量，真正地做到了节约用水。客户半信半疑，要求该推销员现场演示两款洗衣机的最低启动水位。在展示完海尔洗衣机的最低启动水位之后，推销员非常熟练地将一桶水倒进三洋洗衣机里面，可是，接下来，她无法让洗衣机启动，之后又加了好几桶水，依然无法启动，她很着急，先后打了好几个电话向同事询问三洋洗衣机的最低水位启动方法都没能成功地将洗衣机启动。最后，她操作失误，按错按钮，将洗衣机里面的几桶水排放在展台，弄得现场“水满为患”。客户感到非常抱歉，这位推销员忙前忙后还未能看到三洋洗衣机启动的效果。未能看到效果，自然也无法选择购买。最后，客户决定去别家商场选购。

二、推销的特点

推销活动主要有以下特点：

1. 特定性

推销是企业在特定的市场环境中为特定的产品寻找买主的商业活动，必须先确定谁是需要特定产品的潜在客户，然后再有针对性地向推销对象传递信息并进行说服。因此，推销总是有特定对象的。任何一位推销员的任何一次推销活动，都具有这种特定性。他们不可能漫无边际或毫无目的地寻找客户，也不可能随意地向毫不相干的人推销商品，应该实事求是地分析客户和产品，选择不同的方式展开推销。否则，推销就会失败。

2. 双向性

推销并非只是由推销人员向推销对象传递信息的过程，而是信息传递与反馈的双向沟通过程。推销人员一方面向客户提供有关产品、企业及售后服务等方面的信息；另一方面必须观察客户的反应，调查了解客户对企业产品的意见与要求，并及时反馈给企业，为企业管理者作出正确的经营决策提供依据。因此，推销是一个信息双向沟通的过程。

3. 互利性

推销是一种互惠互利的双赢活动，必须同时满足推销主体与推销对象双方的不同要求。成功的推销需要买与卖双方都有积极性，其结果是“双赢”，不仅推销的一方卖出商品，实现盈利，而且推销对象也感到满足了需求，给自己带来了多方面的利益。这样，既达成了今天的交易，也为将来的交易奠定了基础。

4. 灵活性

虽然推销具有特定性，但影响市场环境和推销对象需求的不确定性因素很多，环境与需求都是千变万化的。推销活动必须适应这种变化，灵活运用推销原理和技巧，恰当地调整推销策略和方法。可以说，灵活机动的战略战术，是推销活动的一个重要特征。

5. 说服性

推销的中心是人不是物，说服是推销的重要手段，也是推销的核心。为了争取客户的信任，让客户接受企业的产品，采取购买行动，推销人员必须将商品的特点和优点，耐心地向客户宣传、介绍，促使客户接受推销人员的观点、商品或劳务。

任务二　理解推销方格理论

【情景重现】

实习生与老大娘

在某百货店里，实习生小王正在接待一位顾客。这是一位来自农村的老大娘，她想买一个暖水瓶胆。小王连续给她看了三个暖水瓶胆，她都摇头。小王有些奇怪，就问：“大娘，这三个都有什么问题吗？”大娘说：“三个都坏了。”小王很惊讶：“不会的，这可是新进的货呀！”“每只瓶胆都有几个黑斑，不明显有毛病吗？”老大娘一边用手指着上面的斑点，一边无奈地摇头。小王这才恍然大悟，笑着解释说：“大娘，这不是什么黑斑，这是三块石棉。因为瓶胆是双层玻璃构造，中间是真空的，为了防止瓶胆内壁承受压力过大而破碎，需要将内壁承受压力分散一部分到外壁上，所以用三块石棉连接内外壁，这样瓶胆就不易破碎了。”大娘听了后疑惑地笑笑，最后还是摇摇头走了。小王的师傅老刘得知此事后说道：“如果是我的话，我只要说‘大娘，相信我吧，这绝不是坏的。’大娘肯定会买。你知道为什么吗？”这回轮到小王摇头了。刘师傅说：“第一，我在这儿多年了，周围的老百姓都认识我，他们相信我；第二，我不会说他们听不懂的话。”

讨论与交流：

1. 实习生小王的问题出在哪里？你认为推销员应该怎样与顾客有效沟通？
2. 你觉得作为推销员应该具备怎样的职业心态？

一、推销方格

（一）推销方格的含义

推销方格理论，由布莱克与蒙顿教授提出。他们根据推销人员在推销过程中对买卖成败及与客户的沟通重视程度之间的差别，将推销人员在推销中对待客户与销售活动的心态划分为不同类型。将这些划分表现在平面直角坐标系中，即形成了推销方格。推销方格中显示了由于推销员对客户与销售关心的不同程度而形成的不同的心理状态。推销方格理论分为推销方格和客户方格两部分。推销方格是研究推销活动中推销人员的心理活动状态；客户方格则是研究客户在推销活动中的心理活动状态。大量工作实践表明，要做好推销工作，必须了解买卖双方对推销活动的态度。

推销人员在推销活动中要考虑两个方面的具体目标：一是设法说服客户购买商品，出色地完成推销的任务；二是准确把握客户的心理，以求与客户建立良好的人际关系。这两个目标的侧重点是不同的，前者的侧重点是“销售”，后者的侧重点是“客户”。推销人员对待这两个目标的态度与关心程度就构成了不同的推销态度，用图形将推销人员对上述两个目标的关心程度及形成的态度表现出来，就形成了“推销方格”，如图 1-1 所示。推销方格中显示了由于推销员对“客户”与“销售”关心的不同程度而形成的不同的心理状态。

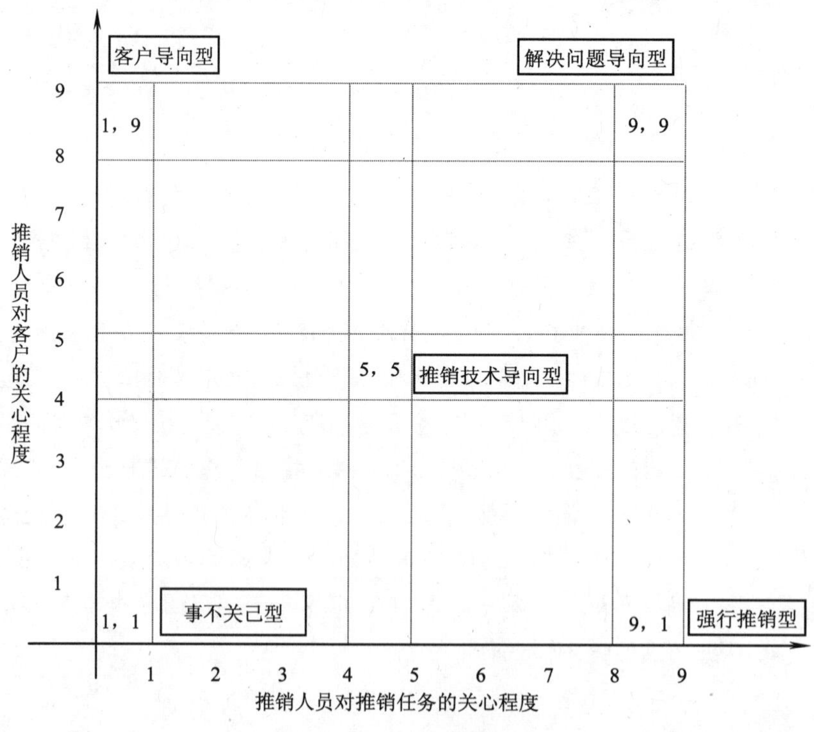

图 1-1　推销方格图

图 1-1 中纵坐标表示推销人员对客户的关心程度，横坐标表示推销人员对推销任务的关

心程度。横纵坐标各分为 9 等份，坐标值越大，表示关心的程度越高。每个方格分别代表各种推销人员的不同的推销心理活动状态与态度。推销方格理论形象地描绘出推销人员对客户的关心程度和对完成推销任务的关心程度的 81 种组合，为有效地协调推销活动中推销人员与客户既相互联系又相互制约的关系提供了一个形象而又明晰的框架。

推销方格理论可以帮助推销人员更清楚地认识自己的推销心态，看到自己在推销工作中存在的问题，进一步提高自己的推销能力；推销方格理论还有助于推销人员更深入地了解自己的推销对象，掌握客户的心理活动规律，有针对性地开展推销工作。推销人员只有深刻地认识自己和客户的心理态度，才能正确地把握推销工作的分寸，恰当地处理与客户之间的关系，争取推销工作的主动权，提高推销效率。

（二）推销方格与推销心态类型

（1）事不关己型，即推销方格中的（1，1）型。这种心态表明了推销人员既不关心客户，也不关心推销任务的心态。具体表现是：没有明确的工作目的，工作态度冷漠，缺乏必要的责任心和成就感；他们对客户缺乏热情，客户是否购买商品都与己无关，从不做推销调研和总结工作。具有这种心态的推销人员不是合格的推销员，这样的推销员的推销成效也最差。他们抱着“要买就卖，不买拉倒”的无所谓心态，毫无事业心。企业要改变推销人员的这种推销心态就必须找出问题的根源，对症下药，对适合做推销工作的人员进行鼓励，调动其积极性：对不称职的推销人员一律进行撤换，以提高推销工作的效率。

（2）客户导向型，即推销方格中的（1，9）型。持这种推销心态的推销人员只关心客户，不关心销售任务。具体表现是：忽视了推销活动是由商品交换与人际关系沟通两方面内容结合而成的事实，单纯重视并强调人际关系，对客户以诚相待，可能成为客户的良好参谋甚至好朋友，恪守“宁可做不成生意，也决不得罪客户”的信条。这类推销员重视生意不成仁义在，但忽视推销技巧，不关心或羞于谈起货币与商品的交换。这种极端的心态也不是良好的推销心态，持此类心态的推销人员不易取得推销的成功。

（3）强行推销型，即推销方格中的（9，1）型。这种推销人员的心态与客户导向型正好相反，只关心销售任务的完成，不关心客户的实际需要和利益。具体表现为：工作热情高，具有强烈的成就感与事业心，以不断提高推销业绩为追求目标；为完成推销任务他们千方百计地说服客户购买，不惜采用一切手段强行推销，甚至可以不顾职业道德，不择手段地推销商品，但却很少了解客户的需要，分析客户心理，这种心态也是不可取的。这类推销人员虽有积极的工作态度，短期内可能取得较高的推销业绩。但由于他们忽略与客户之间的关系，只是想尽一切办法将商品推销出去，所以不可能与客户建立一种长期的合作关系，严重时还会损害企业及产品的形象，也不是理想的推销人员。

（4）推销技术导向型，即推销方格中的（5，5）型，也称干练型。这种心态较为折中，此类推销人员既关心推销任务的完成，又不非常重视推销；既关心客户的满意程度，与客户进行沟通，但不求完全为客户服务，他们注意两者在一定条件下的充分结合。具体表现是：

推销心态平衡，工作踏实；对推销环境充分了解，充满信心；注意研究客户心理和积累推销经验，讲究运用推销技巧和艺术；在推销活动中一旦与客户意见不一致，一般采取妥协，避免矛盾冲突。他们能够非常巧妙地说服一些客户购买。从现代推销理论分析，持这种心态的推销人员对推销不求甚解，可能成为一位业绩卓著的推销员，但却难以创新，不易成为推销专家或取得突破性进展。因此这类推销人员也不是理想的推销人员。

（5）解决问题导向型，即推销方格中的（9，9）型，也称满足需求型。这种心态是理想的推销心态，此类推销人员将投入全力研究推销技巧，关心推销效果，又重视最大限度地解决客户困难，注意开拓潜在需求和满足客户需要，在两者结合上保持良好的人际关系，使商品交换关系与人际关系有机地融为一体。其具体表现是：有强烈的事业心和责任感，真诚关心和帮助客户，工作积极主动；他们对自己、客户、推销品、推销环境和客户的需要有充分的了解，积极寻求使客户和推销人员的需求都能得到满足的最佳途径；他们注意研究整个推销过程，追求在最大限度地满足客户的各种需求的同时取得最佳的推销效果。这种类型的推销人员能在帮助客户解决问题的同时完成自己的推销任务。满足客户的真正需要是他们的中心，辉煌的推销业绩是他们的目标。这种推销心态才是最佳的推销心态，持此种心态的推销人员才是最佳的推销人员。

小测试　看看你属于哪一类推销性格？

请将下列各题略看一遍后逐题回答，将每题的五个陈述语句加以排列，将你认为最适合你的陈述句给予 5 分，其次的给 4 分，依次类推；最后对不适合你的陈述语句给予 1 分。

1. A1 我接受客户的决定。

   B1 我十分重视维持与客户之间的良好关系。

   C1 我善于寻求一种对客我双方均为可行的结果。

   D1 我在任何困难的情况下都能找出一个结果来。

   E1 我希望在双方相互了解和同意的基础上获得结果。

2. A2 我能够接受客户全部意见和各种态度，并且避免提出反对意见。

   B2 我乐于接受客户的各种意见和态度，更善于表达自己的意见和态度。

   C2 我要寻求一种对客我双方均可行的结果。

   D2 我在任何困难的情况下都要找出一个结果来。

   E2 我希望在双方相互了解和同意的基础上获得结果。

3. A3 我认为多一事不如少一事。

   B3 我支持和鼓励别人做他们想做的事情。

   C3 我善于提出积极的合理化建议，以利于事情的顺利进行。

   D3 我了解自己的真实追求，并要求客户也接受我的追求。

   E3 我把全部精力倾注在我正从事的事业之中，并且热情关心别人的事业。

4. A4 当冲突发生的时候，我总是保持中立，并且尽量避免惹是生非。

   B4 我总是千方百计地避免发生冲突，万一出现冲突，我也会设法去消除冲突。

C4 当冲突发生的时候，我会尽力保持镇定，不抱成见，并且设法找出一个公平合理的解决办法。

D4 当冲突发生的时候，我会设法击败对方，赢得胜利。

E4 当冲突发生的时候，我会设法找出冲突的根源，并且有条不紊地寻找消除冲突的解决方法。

5. A5 为了保持中立，我很少被激怒。

B5 为了避免个人情绪干扰，我常常以温和友好的方法和态度来对待别人。

C5 在情绪紧张时，我就会不知所措，无法避免更进一步的压力。

D5 情绪不对劲时，我会尽力调整自己的情绪，抗拒外来的压力。

E5 当情绪不佳时，我会设法将它隐藏起来。

6. A6 我的幽默感常常让别人觉得莫名其妙。

B6 我的幽默感主要是为了维持良好的人际关系，希望利用自己的幽默感来冲淡严肃的气氛。

C6 我希望我的幽默感具有一定的说服力，可以让别人接受我的意见。

D6 我的幽默感很难觉察。

E6 我的幽默感一针见血，别人很容易觉察到，即使在高度压力下，我仍然能够保持自己的幽默感。

假若你对每题的A类陈述语句都排列很高，你便接近上文将讲述的（1，1）型；假若你对每题的B类陈述语句都排列很高，你便属于上文将讲述的（1，9）型，依此类推。推销方格自我测试表，见表1-1，可协助你计算你的得分，将你的答案放在表中，然后加起来，每列的总计最多30分，最少6分。从每列的总计来看，每位推销员或多或少都属于这一类型，若你在（1，1）方格得30分，而在（1，9）方格得20分，则表示你接近（1，1）类型。

表1-1　推销方格自我测试表

试题	第一题	第二题	第三题	第四题	第五题	第六题	总分
A类	A1	A2	A3	A4	A5	A6	
B类	B1	B2	B3	B4	B5	B6	
C类	C1	C2	C3	C4	C5	C6	
D类	D1	D2	D3	D4	D5	D6	
E类	E1	E2	E3	E4	E5	E6	

二、客户方格理论

（一）客户方格的含义

推销过程是推销人员与客户的双向心理作用的过程。在推销活动中，推销人员的推销心态和客户的购买心态都会对对方的心理活动产生一定的影响，从而影响其交易行为。因此，推销人员还必须深入研究分析客户的购买心理，有针对性地开展推销活动。

客户在与推销人员接触和购买的过程中，会有两个具体的目标：一是希望通过与推销人员进行谈判，讨价还价，力争以较少的投入获取尽可能大的收益，购买到称心如意的商品；二是希望得到推销人员的热情诚恳而又周到的服务，与推销人员建立良好的人际关系。在这两个目标中，前者注重“购买”，后者注重“关系”。但是不同的客户对这两方面的重视程度是不同的。有的客户可能更注重购买商品本身，而另一些客户则可能更注重推销员的态度和服务质量。布莱克与蒙顿教授依据客户对这两方面问题的关心程度不同，建立了客户方格图，如图 1-2 所示。

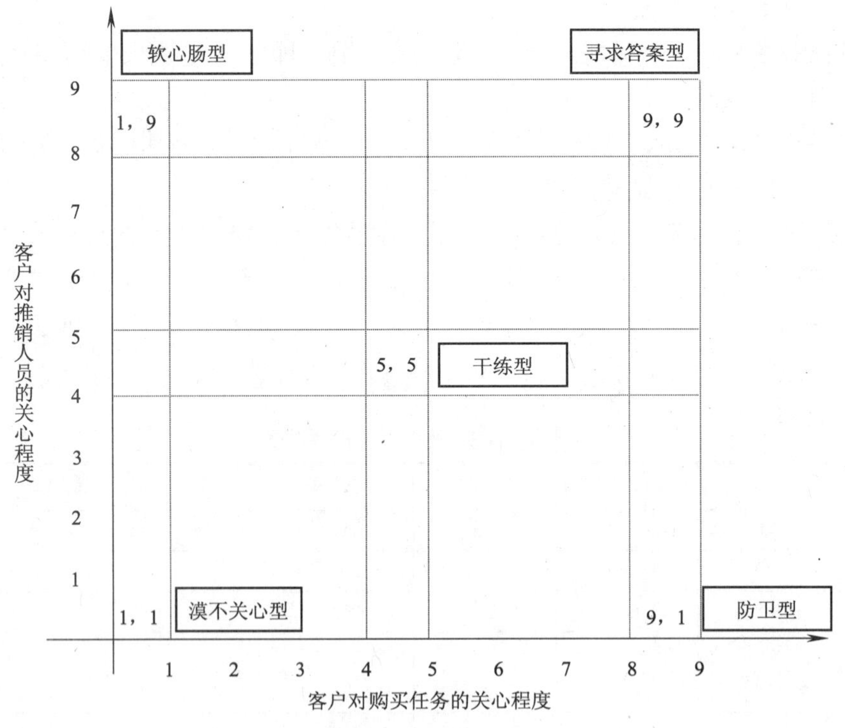

图 1-2　客户方格图

图 1-2 中的纵坐标表示客户对推销人员的关心程度，横坐标表示客户对购买任务的关心程度。纵、横坐标从低到高依次划分为 9 等份，其坐标值都是从 1 到 9 逐渐增大，坐标值越大，表示客户对推销人员或购买的关心程度越高。客户方格中的每个方格分别表示客户各种

不同类型的购买心态。

客户方格图形象地描绘出客户对推销人员及自身购买任务的关心程度的81种有机组合，它作为研究客户购买行为和心态的理论，对推销人员了解客户态度，与客户实现最佳的配合，学会如何应付各种不同类型的客户，争取推销工作的主动权，提高推销工作的效率具有重要意义。

（二）客户方格与客户心态类型

在众多的客户心态中，其中具有代表性的有以下5种类型，即漠不关心型、软心肠型、防卫型、干练型和寻求答案型。

（1）漠不关心型，即客户方格图中的（1，1）型。持这种购买心态的客户对上述两个目标的关注程度都非常低，既不关心自己与推销人员的关系，也不关心自己的购买行为和结果。他们当中有些人的购买活动有时是被动的和不情愿的，购买决策权并不在自己手中。具体表现是：多数情况下是受人之托购买，自身利益与购买行为无关，而且不愿意承担责任，往往把购买决策权推给别人，而自己愿意做一些询问价格了解情况的事务性工作。对待推销员的态度是尽量躲避，或是敷衍了事。这种心态的客户把购买活动视为麻烦，往往是例行公事，对能否成交、成交的条件及推销人员及其所推销的产品等问题都漠不关心。向这类客户推销产品是非常困难的，推销成功率也是相当低的。对待这种类型的客户，推销人员应先从情感角度主动与客户接触，了解客户的情况，再用丰富的产品知识，结合客户的切身利益引导其产生购买欲望和购买行为。

（2）软心肠型，即客户方格图中的（1，9）型，也称情感型。处于这种购买心态的客户非常同情推销人员，对于自己的购买行为与目的则不太关心。具体表现是：该类客户往往感情重于理智，对推销商品本身则考虑不多，容易产生冲动，易被说服和打动；重视与推销人员的关系，重视交易现场的气氛，缺乏必要的商品知识，独立性差等。存在这种心态的客户不能有效地处理人情与交易之间的关系，他们更侧重于关心推销人员对他们的态度。只要推销人员对他们热情，表示出好感时，便感到盛情难却，即便是一时不太需要或不合算的商品，也可能购买。这种类型的客户在现实生活中并不少见，许多老年人和性格柔弱、羞怯的客户都属于此类客户。因此，推销人员要特别注意感情投资，努力营造良好的交易气氛，以情感人，顺利实现交易的成功。同时，推销人员也应避免利用这类客户的软心肠，损害客户的基本利益。

（3）防卫型，即客户方格图中的（9，1）型，也称购买利益导向型。持这种购买心态的客户与软心肠型的购买心态恰好相反，他们只关注自己的购买行为和个人利益的实现，不关心推销人员，甚至对推销人员抱有敌视态度。他们不信任推销人员，怕吃亏，担心受骗上当，本能地采取防卫的态度。具体表现是：对推销人员心存戒心，态度冷漠敌对，处处小心谨慎，精打细算，讨价还价，事事提防，绝不让推销人员得到什么好处。这种客户一般比较固执，不易被说服。这类客户的生意也比较难做，即使最终成交，企业的盈利也微乎其微。他们拒绝推销人员，并不是对推销品没有需要，完全是出于某种心理原因。对这类客户，推销人员不能操之过急，应首先推销自己，赢得客户对自己的信任，消除客户的偏见，然后再转向推荐推销品。

（4）干练型，即客户方格图中的（5，5）型，也称公正型。持这种购买心态的客户既关心自己的购买行为，也关心与推销人员的人际关系。具体表现是：乐于听取推销人员的意见，自主作出购买决策，购买决策客观而慎重。这是一种比较合理的购买心态，具有该种心态的客户一般都很自信，甚至具有较强的虚荣心。他们有自己的主见，不愿轻信别人，更不会被别人所左右。对待这类客户，推销人员应设法用客观的事实进行说服，让他们自己去作出判断和决策。

（5）寻求答案型，即客户方格中的（9，9）型，也称专家型。持这类购买心态的客户既高度关心自己的购买行动，又高度关心与推销人员的人际关系。这类客户通常有较高的购买技术，他们在购买商品之前，对市场进行广泛的调查分析，既了解商品质量、规格、性能，又熟知商品的行情，他们的购买行为非常理智，根据自己的实际需要来决定是否购买。具体表现是：购买时不会轻易被别人左右，十分愿意听取推销人员的观点和建议，并对这些观点和建议进行分析判断，善决策又不独断专行。这种购买心态的客户是最成熟的客户。他们充分尊重和理解推销人员的工作，不给推销人员出难题或提出无理要求，把推销人员看成是自己的合作伙伴，最终达到买卖双方都满意的目的。对这类客户，推销人员应了解客户的需求所在，设法成为客户的参谋，主动为客户提供各种服务，尽最大努力帮助他们解决问题，实现互惠互利，买卖双赢。

三、推销方格与客户方格的关系

各种心态的推销人员与客户接触，哪一种搭配能导致推销成功呢？这不仅仅取决于推销人员的工作态度，还涉及其他因素布莱克教授总结出了推销方格与客户方格的关系。从前面介绍的推销方格和客户方格我们知道，推销人员与客户的心态是多种多样的，在实际推销活动中，任何一种心态的推销人员都可能接触到各种不同心态的客户。那么，推销人员与客户的哪两种心态类型的搭配会实现推销活动的成功呢？

表 1-2 反映了推销方格与客户方格之间的内在联系。图中“+”表示成功，“–”表示失败，“0”表示推销成败的概率相等。

表 1-2　推销方格与客户方格的搭配

客户类型 推销类型	（1，1）	（1，9）	（5，5）	（9，1）	（9，9）
（9，9）	+	+	+	+	+
（9，1）	0	+	+	0	0
（5，5）	0	+	+	–	0
（1，9）	–	+	0	–	0
（1，1）	–	–	–	–	–

从表 1-2 中可以看出，（9，9）型心态的推销人员无论与哪种心态类型的客户相遇，都

会取得推销成功。因此，企业要想赢得广阔的市场，就应积极培养（9，9）型心态的推销人员。推销人员能否协调好与客户的关系，事关销售的成功与失败，推销人员的销售心态和客户的购买心态共同决定了销售的成败。

从现代推销学的角度来看，趋向于（9，9）型的推销心态和客户心态比较成熟和理想，推销活动的成功率较高。但这并不是说其他类型的推销心态和客户心态的搭配就不能取得理想的效果。在错综复杂、千变万化的推销活动中，没有哪一种推销心态对所有客户都是有效的，同样，不同的客户心态对推销人员也有不同的要求。因此，成功推销的关键取决于推销心态与客户心态是否吻合。由此可见，推销人员的销售活动能否成功，除了自身的努力以外，还要看客户是否愿意配合、推销人员能否准确地把握客户购买的心态等。如果推销专家遇到一位无论如何也不愿意购买推销品的客户，即使他有再高明的推销技巧，也很难取得销售的成功。相反，如果一位迁就客户型的推销人员遇到一位软心肠型的客户，双方都特别关心对方，尽管推销人员不算是一个优秀者，但他依然能够取得销售的成功。

从推销人员的角度来看，推销人员越是趋向于问题解决型，其销售的能力就越强，达成销售的可能性就越大。因此，要成为一位出色的现代推销人员，健康的推销心态是必不可少的。所以，推销人员应树立正确的销售态度，要加强培训与锻炼，调整与改善自我销售心态，努力使自己成为一个能够帮助客户解决问题的问题解决型推销人员。

正确把握推销心态与客户心态之间的关系是非常重要的。不同类型的推销人员遇到不同类型的客户，应采取不同的销售策略，揣摩客户的购买心态，及时调整自己。

在现实的推销过程中，其有各种推销心态的推销人员都会遇到具有各种客户心态的客户。推销过程中推销人员与客户双方心态的有效组合是使推销工作顺利进行的重要条件。

值得注意的是，由于外界与内部多种条件的影响，推销人员与客户的心态是十分复杂的，并没有绝对精确的划分。我们可以认为，世界上有多少个推销人员，就有多少种推销心态，相反地有多少个客户，就会有多少种客户心态。推销心态与客户心态也绝非是简单地受关心对方与关心商品两方面因素的影响，故推销方格理论只是大致上概括出两种心理的组合，仅供我们分析时参考，推销人员在具体推销过程中还应该结合实践经验的积累，不断加以充实和完善。但千百次推销实践反复证明着这样的理论：推销员的心态越好，推销效果相对就越好。

任务三　掌握推销模式

【情景重现】

老太太买苹果

一位老太太每天都去市场买水果。一天早晨，她提着篮子，刚到菜市场，遇上了第一个卖水果的小贩。

小贩问："您要不要买些水果？"

老太太说“你有什么水果？”

小贩说：“我这里有苹果，您要苹果吗？”

老太太说“我看看。”

小贩赶紧介绍：“苹果又红、又大、又甜、又脆，特别好吃。”老太太仔细一看，果然如小贩所说。但她摇摇头，走了。

老太太继续在市场转，遇到第二个小贩。

小贩问：“老太太，您买什么水果？”

老太太说：“买苹果。”

小贩说：“我这里有大的、小的、甜的、酸的、脆的、面的，您要哪种呢？”

老太太说：“我要买酸的脆的苹果。”

小贩说：“这种苹果，名字叫‘黄香蕉’，又脆又酸，不信您尝尝。”

老太太尝了一口，果然又脆又酸，非常高兴，马上买了一斤。

老太太没有急于回家，继续在市场转，碰到第三位小贩。

小贩问：“您想买点什么？”

老太太说：“买苹果。”

小贩问：“要买什么样的苹果？”

老太太说：“又脆又酸的苹果。”

小贩好奇地问：“别人都要买甜苹果，您为什么要买酸的？”

老太太说：“我儿媳妇怀孕了，想吃酸的。”

小贩马上说：“老太太您对儿媳妇真好！想吃酸的就说明她会给您生个孙子！”

老太太很高兴。

小贩又问：“那您知不知道孕妇最需要什么样的营养？”

老太太如实相告：“不知道。”

“孕妇最需要维生素，因为她需要提供胎儿维生素。”小贩接着说，“那您知道什么水果所含的维生素最丰富吗？”

老太太继续摇摇头。

小贩说：“水果中，猕猴桃的维生素最丰富，您要是天天给您儿媳妇买猕猴桃补充维生素，她肯定能给您生个大胖孙子。”

老太太一听，又高兴地买了一斤猕猴桃。

小贩送别老太太时，又强调说：“我每天都在这里摆摊，每天进的水果都是最新鲜的，下次到我这里，我给您优惠。”

讨论与交流：

1. 推销人员应该怎样有效地吸引客户？怎样刺激客户的购买欲望？
2. 对推销人员来讲，要保证推销成功，你认为最重要的是要做好哪些工作？

推销模式是指根据推销活动的特点及对客户购买活动各阶段的心理演变应采取的策略，

归纳出一套程序化的标准推销方式。

推销模式的产生使推销有了可以依据的理论、步骤与法则，促进了推销效率的提高。推销模式来自于推销实践，具有很强的可操作性，是现代推销理论的重要组成部分。推销模式的种类有很多，这里主要介绍应用最广泛的五种模式，即爱达（AIDA）模式、迪伯达（DIPADA）模式、埃德帕（IDEPA）模式、费比（FABE）模式和吉姆（GEM）模式。

一、爱达模式

爱达模式（AIDA）是世界著名的推销专家海因兹·姆·戈德曼（Heinz M. Goldmann）在《推销技巧——怎样赢得客户》一书中首次总结出来的推销模式。它被认为是国际成功的推销模式。“爱达”是四个英文字母 AIDA 的译音。这四个英文字母分别表达了爱达公式的四个推销步骤：

第一步，引起客户注意（Attention），即将客户的注意力吸引到推销活动和推销品上来。具体是指推销人员通过推销活动刺激客户的感官，使客户对推销人员和推销品有一个良好的感觉，把客户的心理活动、精力、注意力等吸引到推销人员和推销品上来。通常人们的购买行为都是从注意开始的，因此，推销的第一步就是要引起客户的注意。客户的注意分为有意注意和无意注意。推销人员一定要通过积极努力，强化刺激，唤起客户的有意注意，使客户愿意把注意力从其他事情转移到推销上来。

第二步，唤起客户兴趣（Interest），即促使客户对推销品或购买抱有积极肯定的态度。具体是指推销人员要唤起客户对推销活动及推销品的兴趣，或者说是诱导客户对推销的积极态度。兴趣与注意有着密切的关系。兴趣是在注意的基础上发展起来的，反过来又强化注意。兴趣也与需要有密切的关系因此要深入分析客户的各种需要。客户对推销的兴趣都是以他们各自的需要为前提的。因此，要很好地诱导客户的兴趣、需要，让客户认识到购买所能带来的好处。推销人员要利用各种方法向客户证实推销品的优越性，以此引导他们的购买兴趣。一般来讲，诱导客户兴趣的最基本的方法是示范表演法和情感沟通法。

第三步，激起客户购买欲望（Desire），即促使客户对推销品产生强烈的拥有愿望。激起客户购买欲望是指推销人员通过推销活动的进行，在激起客户对推销品的兴趣后使客户产生对推销品强烈拥有的愿望，从而导致客户产生购买的欲望。在推销过程中，刺激客户的购买欲望可分为三个步骤进行：①推销人员提出推销建议；②在得到客户反应之后，找到症结所在；③有针对性地进行理由论证，多方诱导客户的购买欲望，直至达成交易。

第四步，促成客户采取购买行为（Action）。促成客户购买行为是指推销人员要不失时机地强化客户的购买意识，培养客户的购买意向，促使客户最终产生购买行动。促成客户购买行动是爱达模式的最后一个步骤，它是全部推销过程和推销努力的目标，也是对前三个目标的总结和收获。这一过程要求推销人员在推销活动中必须抓住机会，坚定客户的购买信心。客户从产生购买欲望到采取购买行动，还需要推销人员运用一定的成交技巧来施加影响，以促成客户尽快作出购买决策。

爱达公式适用于：店堂的推销；一些易于携带的生活用品与办公用品的推销；新推销人员以及面对的是陌生推销对象的推销。

推 销 员：“您好，我是红外涂料销售公司的李文君，现在来到黄烟种植地区销售我们的产品，请您给我点时间向您介绍我们的产品，好吗？”

顾　　客：“好的，没问题。”

推 销 员：“谢谢。现在都是黄烟丰收的季节了，您家的黄烟也是大丰收了吧？”

顾　　客：“产量还算一般般吧。”

推 销 员：“您种的是晒烟还是烤烟呀？”

顾　　客：“我们这里都是种烤烟的，很少有人种晒烟。”

推 销 员：“都种的是烤烟，烤烟很麻烦吧？您有没有发现现在的烤房很消耗煤呀？”

顾　　客：“对呀，每天早晚都得加煤，不单说麻烦，这也很浪费煤呀。”

推 销 员：“您家的烤房有没有进行特别的装饰，比如说粉刷一些特殊的材料？”

顾　　客：“我们这里的烤烟房都是粉刷水泥或者石灰。”

推 销 员：“烤烟最主要就是在烤烟时要保证里面的温度不低于80℃，烟叶是特别处理之后才能上烤的，我说得没错吧？”

顾　　客：“没错，所以我们现在都会使用电来帮助处理，同时在烤房的地底下敷设有同热管，就是一边用煤加热，一边用电保温。但还是有很大的漏洞，很多时候还是会因为热量不足导致烤出来的烟叶色泽不是很好，这就很大程度地影响了价格的高低。”

推 销 员：“那您愿不愿意尝试下我公司生产的一种涂料呢？”

顾　　客：“什么涂料？它能起到什么样的作用？”

推 销 员：“这种特殊的涂料是由中国科学院上海硅酸盐研究所开发的，属于红外辐射涂料，它由固态的辐射材料甲和黏结剂乙分装组成，使用时现场加适量水后直接调和使用，这种涂料被涂在红外加热器的辐射面或炉窑内壁面上后，能增强辐射传热的效果，从而起到节约能源的作用。”

顾　　客：“有这样的材料？我当然愿意尝试下呀！价钱怎么样呀？”

推 销 员：“价钱很便宜的，每一平方米面积大概花费8元，像您这样的黄烟种植大户，应该有很多烤房吧？这样吧，我给你九五折优惠。”

顾　　客：“让我考虑下吧。”

推 销 员：“您还有什么顾虑吗？”

顾　　客：“说实话，我是很想尝试下这种产品，但我担心有风险，何况我一次把那些烤房都用上的话，万一出了问题那我就亏死了！”

推 销 员：“您就放心好啦，我们的产品绝对有保障的！”

顾　　客：“每个人都是这样说的啦，难道有谁会说自己公司的产品不好的呀？但要真的出了问题受伤害的可是我呀！”

推 销 员：“我们的产品销售出去后都会进行售后跟踪服务的，如果产品出现问题，公司会全额赔偿您的损失，您看，这是我们公司的售后服务单和产品安全保障单。”

顾　　客：“（接过单据细看）嗯，有这样的保障，那这样吧，我愿意尝试，但为了安全起见，我还是先买一个烤房的用量吧。一个烤房大概要多少用量？”

推 销 员：“我们公司有两种型号的灌装产品，大罐装的可粉刷 50 平方米，小罐装的可用于粉刷 30 平方米。”

顾　　客：“那这样算下来价钱也不便宜呀！！”

推 销 员：“一个烤房的内墙、顶棚和地面加起来也没有 100 平方米吧？这样算下来花费还不到 1 000 元，我们产品的保质期绝对超过 5 年，5 年下来起码能帮您节省 3 吨标准煤，这样算下来哪个划算？”

顾　　客：“嗯，你说得有道理，那这样吧，你帮我定两大罐的吧，我先用一个烤房试一试，要是效果真的很好的话我再把其他的烤房也粉刷上去！”

推 销 员：“嗯，好的，那我现在从车上卸两大罐给您。”

顾　　客：“（提过货物）嗯，给你钱，一共是 760 元，你数数。”

推 销 员：“（接过钱细看后）好的，这是发票和质量担保单，请您签字。”

顾　　客：（签字）

推 销 员：“谢谢，如果产品有任何质量问题，请您及时与我们联系，这是我的名片。”

顾　　客：“嗯，好的，如果我感觉质量好的话就再向你们购买，同时我也会推荐给其他种植户使用。”

推 销 员：“好的，谢谢，期待我们下次的合作，那打扰了，不耽误您太多的时间。”

顾　　客：“嗯，好的，慢走，不送了！”

推 销 员：“请您留步，再见。”

顾　　客：“再见。”

二、迪伯达模式

迪伯达（DIPADA）模式是海因兹·姆·戈德曼根据自身推销经验总结出来的新模式，被认为是一种创造性的推销方法。“迪伯达”是六个英文字母 DIPADA 的译音。这六个英文字母分别为六个英文单词 Definition（发现）、Identification（结合）、Proof（证实）、Acceptance（接受）、Desire（欲望）、Action（行动）的第一个字母。它们表达了迪伯达模式的六个推销步骤。

迪伯达推销模式认为，在推销过程中，推销人员必须先准确地发现客户的需要和愿望，然后把它们与自己推销的商品联系起来。推销人员应向客户证明，他所推销的商品符合客户的需要和愿望，客户确实需要该商品，并促使客户接受。

迪伯达模式的操作步骤：

（1）准确地发现（Definition）并指出客户有哪些需要和愿望。在这一阶段，推销人员应围绕客户的需要，探讨客户需要解决的问题，而不要急于介绍推销品。这种做法体现了以客户为中心的准则，最能引起客户的兴趣，有利于制造融洽的推销气氛，消除推销障碍。

（2）把客户需要与要推销的产品结合（Identification）起来。推销人员在发现并指出了客户的需要后，再向客户介绍推销品，并把推销品与客户需要联系起来，这样就能很自然地引起客户的兴趣。

（3）证实（Proof）推销产品符合客户的需要和愿望。证实不是简单的重复，而是推销人员使客户认识到推销品是符合他的需要的过程。

（4）促使客户接受（Acceptance）所推销的产品。在推销过程中，客户往往不能把自己的需求与推销品联系起来，推销人员必须拿出充分的证据向客户证明，推销品符合客户的需求，他所需要的正是这些产品。当然这些证据必须是真实可信的，而且要达到这个目的，推销人员必须做好证据理由的收集和应用等准备工作，熟练掌握展示证据和证实推销的各种技巧。

（5）刺激客户的购买欲望（Desire）。当客户接受了推销品之后，推销人员应及时激发客户的购买欲望，利用各种诱因和刺激使客户对推销品产生强烈的满足个人需要的愿望和感情，为客户的购买行动打下基础。

（6）促使客户采取购买行动（Action）。这是迪伯达模式的最后一个步骤。在这一步里要求推销人员在前面工作的基础上，不失时机地劝说客户作出最后的购买决定。这个阶段同爱达模式的第四个阶段“促成交易”是相同的。迪伯达模式较适用于：生产资料市场产品、老客户及熟悉客户、无形产品及开展无形交易（如保险、技术服务、咨询服务、信息情报、劳务市场等）、客户属于有组织购买（单位购买者）等产品或客户的推销。

由于迪伯达模式紧紧抓住了客户需要这个关键性的环节，使推销工作更能有的放矢，因而具有较强的针对性。

某手表生产商对一些手表零售商店的销售状况进行了调查，发现商店的售货员对推销该厂的手表不感兴趣，手表零售商的销售策略也有问题。厂方决定开办一所推销技术学校，并派出厂里的推销代表（包括萨姆纳·特伦顿在内），到各手表零售商店进行说服工作，目的是使他们对开办推销技术学校产生兴趣和积极配合，如安排人员参加学习等。特伦顿来到了一家钟表店，运用迪伯达模式对表店的负责人进行了成功地推销。下面是特伦顿与表店负责人迪尔的对话。

特伦顿：“迪尔先生，我这次来这里的主要目的是想向你了解一下商店的销售情况。我能向你提几个简短的问题吗？”

迪尔：“可以。你想了解哪方面的情况？”

特伦顿：“你本人是一位出色的推销员……”

迪尔：“谢谢你的夸奖。”

特伦顿：“我说的是实话。只要看一看商店的经营状况，就知道你是一位出色的推销员。不过你的职员怎样？他们的销售业绩与你一样吗？”

迪尔：“我看还差一点，他们的销售成绩不太理想。”

特伦顿：“完全可以进一步提高他们的销售量，你说呢？”

迪尔：“对！他们的经验还不是很丰富，而且他们当中的一些人现在还很年轻。”

特伦顿：“我相信，你一定会尽一切可能帮助他们提高工作效率，掌握推销技术，对吗？”

迪尔：“对。但我们这个商店事情特别多，我整天忙得不可开交，这些，你是知道的。”

特伦顿：“当然，这是难免的。假如我们帮助你解决困难，为你们培训商店职员，你有什么想法？你是否愿意让你的职员学习和掌握：怎样制订销售计划、赢得客户、增加销售量、唤起客户的购买兴趣、诱导客户作出购买决定等技巧。使他们像你一样，成为出色的推销员。”

迪尔：“你们的想法太好了！谁不愿意有一个好的销售班子。不过如何实现你的计划？”

特伦顿：“迪尔先生，我们厂为你们这些零售商店的职员开办了一所推销技术学校，其目的就是训练这些职员掌握你希望他们掌握的技能。我们特别聘请了一些全国有名的推销学导师和高级推销工程师负责学校的培训工作。”

迪尔：“听起来很不错。但我怎样知道他们所学的东西正是我希望他们学的呢？”

特伦顿：“增加你的销售量符合我们的利益，也符合你的利益，这是其一。其二，在制订训练计划时，我们非常希望你能对我们的教学安排提出宝贵的意见和建议。”

迪尔：“我明白了。”

特伦顿：“给，迪尔先生，这是一份课程安排计划。我们把准备怎样为你培训更好的销售人员的一些设想都写在这份材料上了。你是否能把材料看一下？”

迪尔：“好吧，把材料交给我吧。”（特伦顿向迪尔介绍了计划）

特伦顿：“我已经把你提的两条建议都记下来了。现在，你还有什么不明白的问题吗？”

迪尔：“没有了。”

特伦顿：“迪尔先生，你对我们这个计划有信心吗？”

迪尔：“有信心。办这所学校需要多少资金，需要我们分摊吗？”

特伦顿：“你只需要负担受训职员的交通、伙食、住宿费用。其他费用，包括教员的聘金、教学费用、教学工具等，统统由我们包了。我们初步计算了一下，每培训一名推销员，你最多支付 45 英镑。为了培养出更好的推销员，花费 45 英镑还是值得的。你说呢？假如经过培训，每个受训职员的销售量只增加了 5%的话，你很快就可以收回所支付的这笔费用了。”

迪尔：“这是实话。可是……”

特伦顿：“假如受训职员的推销水平只是你的一半……”

迪尔：“那就很不错了。”

特伦顿：“迪尔先生，我想你可以先派三名有发展前途的职员参加第一届训练班。这样，你就知道训练的效果如何了。”

迪尔：“我看还是先派两个吧。目前我们这里的工作也比较忙，不能多派了。”

特伦顿：“那也是。你准备先派哪两位去受训呢？”

迪尔：“我初步考虑派……，不过，我还不能最后决定。需要我马上作出决定吗？”

特伦顿：“不，你先考虑一下，下周一告诉我，好吗？我给你留两个名额。”

迪尔：“行，就这么办吧！”

三、埃德帕模式

埃德帕（IDEPA）模式是迪伯达模式的简化形式，它适用于有着明确的购买愿望和购买目标的客户。“埃德帕”是五个英文字母 IDEPA 的译音。这五个英文字母分别为五个英文单词的第一个字母。

埃德帕模式的五个推销步骤：

结合（Identification），即把推销品与客户需要结合起来。

示范（Demonstration），即向客户示范产品。

淘汰（Elimination），即淘汰不合适的产品。

证实（Proof），即证实客户的选择正确。

接受（Acceptance），即促使客户接受产品。

在采用该模式时，推销人员不必去发现和指出客户的需要，而是直接提示哪些产品符合客户的购买目标，这一模式比较适合于零售推销。

四、费比模式

费比（FABE）模式是由美国俄克拉荷马大学企业管理博士、中国台湾中兴大学商学院院长郭昆漠先生总结并推荐的推销模式。“费比”是 FABE 的译音，FABE 则是英文字母 Feature（特征）、Advantage（优点）、Benefit（利益）、Evidence（证据）的第一个字母。

费比模式的四个步骤：

（1）把产品的特征（Feature）详细介绍给客户。推销人员在见到客户后，要以准确的语言向客户介绍产品特征。产品特征的内容有产品的性能、构造、作用、使用的简易及方便程度、耐久性、经济性、外观优点及价格等。如果是新产品则应更详细地介绍；如果产品在用料或加工工艺方面有所改进的话，也应介绍清楚。如果上述内容多而难记，推销人员应事先打印成广告式的宣传材料或卡片，以便在向客户介绍时将其交给客户。因此，如何制作好广告材料或卡片便成为费比模式的重要特色。

（2）充分分析产品优点（Advantage）。费比模式的第二步骤是把产品的优点充分地介绍给客户。它要求推销人员应针对在第一步骤中所介绍的特征，寻找出其特殊的作用或者是某项特征在该产品中扮演的特殊角色、具有的特殊功能等。如果是新产品，务必说明该产品开发的背景、目的、必要性以及设计时的主导思想、相对于老产品的差别优势等。当面对的是具有较好专业知识的客户，则应以专业术语进行介绍，并力求用词精确简练。

（3）尽数产品给客户带来的利益（Benefit）。第三步骤是费比模式最重要的步骤，推销人员应在了解客户需求的基础上，把产品能给客户带来的利益，尽量多地列举给客户。不仅讲产品外表的、实体上的利益，更要讲产品给客户带来的内在的、实质上的利益；从经济利益讲到社会利益，从工作利益讲到社交利益。在对客户需求了解不多的情况下，推销人员应边讲解边观察客户的专注程度与表情变化；在客户表现关注的主要需求方面更要多讲多举。

（4）以证据（Evidence）说服客户购买。推销人员在推销过程中要避免用“最便宜”、“最划算”、“最耐用”等语句，因为这些词语会令客户反感而显得无力。因此，推销人员应以真实的数字、案例、实物等证据，让证据说话，解决客户的各种异议与顾虑，促成客户购买。费比模式的突出特点是：事先把产品特征、优点及带给客户的利益等列出来印在卡片上，这样就能使客户更好地了解有关内容，节省客户产生疑问的时间，减少客户异议的内容。正是由于费比模式具有这一特色，它受到了不少推销人员的推崇，帮助不少企业取得了销售佳绩。

五、吉姆模式

吉姆（GEM）模式旨在帮助培养推销人员的自信心，提高说服能力。其关键是“相信”，即推销人员一定要相信自己所推销的产品（Goods），相信自己所代表的公司（Enterprise），相信自己（Man），也称为推销三角理论。

吉姆模式的三步骤：

（1）相信推销品（Goods）。推销人员应对推销品有全面、深刻的了解，同时要把推销品与竞争产品相比较，看到推销品的长处，对其充满信心。而推销人员对产品的信心会感染客户。

（2）相信自己所代表的公司（Enterprise）。要使推销人员相信自己的企业和产品，企业和产品的信誉是基础。而信誉是依靠推销人员与企业的全体职工共同创造的。企业和产品的良好信誉，能激发推销员自信和客户的购买动机。

（3）相信自己（Man）。推销人员要有自信。推销人员应正确认识推销职业的重要性和自己的工作意义，以及未来的发展前景使自己充满信心，这是推销成功的基础。总之，推销人员在推销过程中应深入研究客户对推销的心理认识过程，同时十分注重自己的态度与表现，才能成功地进行推销。

【项目小结】

1. 推销是指推销人员以满足双方利益或需要为出发点，主动运用各种技巧，向客户传递产品的信息，使其产生接受或购买行为的活动。
2. 推销的构成要素包括推销人员、推销对象和推销品。
3. 推销具有特定性、双向性、互利性、灵活性、说服性等特点。
4. 推销模式有爱达模式、迪伯达模式、埃德帕模式、费比模式和吉姆模式。

项目综合训练

1. 根据案例回答问题：

推销员：“这件衣服对您再合适不过了，您穿蓝色看上去很高贵，而且款式也正是您这种职业所需要的。”

客户（犹豫地）：“不错，是件好衣服。”

推 销 员：“当然了，您应该马上买下它，这种衣服就像刚出炉的热蛋糕，您不可能买到更好的了。”

客　　户：“嗯，也许，我不知道。”

推 销 员：“您不知道什么？这是无与伦比的。”

客　　户：“我希望你不要给我这么大的压力，我喜欢这件衣服，但我不知道我是否应当去买别的颜色的衣服，我现在已经有一套蓝色的了。”

推 销 员：“照照镜子，难道您不认为这件衣服使您有了一种真正的威严气质？您知道您可以承受得了，而且 60 天之内您可以不必付款。”

客　　户：“我还得考虑考虑，这得花很多钱。”

推 销 员：“一分钱一分货，这件衣服绝对物超所值，我想任何一个聪明的人都不会放过这样的好机会。”

客　　户（有点为难）：“先别急吧。”

推 销 员：“好的，不过等您再回头来时或许这件衣服已经没货了。”

……

问题讨论：

（1）推销员与客户的关系处理得是否恰当？如果不恰当，你认为主要存在哪些问题？

（2）根据推销方格理论，讨论该推销员比较接近哪一类型推销心态，试简要说明理由。

2. 某大百货商店老板曾多次拒绝接见一位服饰推销员，原因是该店多年来经营另一家公司的服饰品牌，老板认为没有理由改变现在固有的使用关系。后来这位服饰推销员在一次推销访问时，首先递给老板一张便签，上面写着：“你能否给我 10 分钟就一个经营问题提一点建议？”这张便条引起了老板的好奇心，这位服饰推销员被请进门来。他拿出一批新式领带给老板看，并要求老板为这种产品报一个公道的价格。老板仔细地检查了每一件产品，然后作出了认真的答复。

推销员也进行了一番讲解。眼看 10 分钟时间快到了，推销员假装拎包要走。然而老板要求再看看那些领带，并且按照推销员所报的价格订购了一大批货，这个价格略低于老板本人所报的价格。

问题讨论：

分析该推销员采用了哪种推销模式取得了成功？

实 训 项 目

1. 课内模拟演练

（1）全班分成四个小组。每小组可在指定的三种商品中任选其中一种，作为演示介绍的对象。

（2）各小组自行准备演示用的商品或道具，并讨论小组的演示方案。

（3）每组推选两名同学，其中一人扮演推销员，另一人扮演助手，为选定的商品当众作示范介绍。

（4）其他同学认真观察各组“推销员”的示范表演，并做好记录。

（5）四个小组代表全部表演完毕后，大家交流看法，分别点评每组的表现，最后评选出最佳表演者。

（6）各自总结，写出实践体会。

2．课外实战训练

因地制宜开展一次真实的推销实践活动。活动结束后，认真总结：我是运用什么方法吸引客户注意的？效果如何？为了说服客户，我主要采用了哪些方法？本次推销实践，成功的地方在哪里？有哪些地方需要改进？

（1）以三人小组为单位展开活动。

（2）联系某商家为其开展代理销售，这样既可获得商家的销售指导和支持，又方便处理存货。

（3）采用弹性时间作出安排，利用课余时间或双休日，要求在一周内完成。

（4）活动结束后，以小组为单位递交总结报告。

项目二
推销准备

➲ 能力目标

1. 能够做好推销前的心理和礼仪准备，提高自身综合素质
2. 能够具有对客户详细介绍推销产品的能力
3. 学会分析客户消费心理与行为

➲ 知识目标

1. 掌握自我准备的具体要求
2. 熟悉产品准备的相关内容

➲ 训练重点

1. 个人形象塑造与礼仪训练
2. 推销前准备工作的筹划能力训练

【情景模拟】

塑造专业形象

同学们以小组为单位分别对本小组成员的穿着打扮进行评价，看是否符合自身的形象，并进行握手、名片递接、站、坐、行等动作。

讨论与交流：

假如你是一名保险业务推销人员，在开始进行推销活动以前需要做好哪些准备工作？

任务一　做好自身心理与礼仪准备

【情景重现】

"没有人接"

"小谭，你给这个客户打个电话，询问他是否有意向购买我们的产品。"经理把一张记有电话号码的纸递给刚上班半个月的销售人员小谭。小谭一看客户的名字，心里非常紧张，因为这个客户出名的难缠，还听说上次公司的一位资深销售人员被骂了回来。

"一定要打吗？"小谭用近乎乞求的眼神看着经理。

"是的，就现在。"经理肯定地说。

小谭没有办法，硬着头皮用颤抖的手拿起电话开始拨号。一会儿，小谭突然笑逐颜开，他挂了电话对经理说："没有人接。"

讨论与交流：

1. 如果客户接了电话，小谭的推销能成功吗？
2. 在推销准备阶段，我们该如何调整自己的心态？

推销前的准备工作是至关重要的，推销前准备工作的好坏直接关系到推销活动的成败。一般来讲，推销前的准备工作主要包括三个方面：一是推销人员的自我准备；二是推销人员充分认识自己的企业和所推销的产品；三是对客户做好应有的准备。每一位推销人员都应该在推销前做好这三方面的准备工作，以便做到心中有数，稳操胜券。

从某种意义上讲，大多数人都是天生的推销人员。从很小的时候起，我们就不断地把自己推销给周围的人，让他们喜欢自己，接纳自己；我们说服别人借给自己某种东西；和别人达成某个交换物品的协议……到了要走出校园、面对社会时，我们已学会如何以最有利的形势来得到我们所想要的。推销自己是每个人都具有的才能，但当我们进入现实的商业世界，需要我们有意识地去运用这种推销才能时，许多人就感到无所适从了。我们可以从以下几个方面入手，来充分发挥自己的推销才能。

一、心理准备

1. 相信自己，对自己充满自信

乔·吉拉德曾经说过："信心是销售员胜利的法宝。"相信自己会成功，这一点至关重要。并不是每个人都能明确地认识到自己的推销能力，但它确实存在，所以要信任自己。每个人最大的敌人就是自己，超越自我，则是成功的必要因素。一般推销员失败的最主要原因在于不能改造自己，认识自己，发挥自己的长处，并把自己的缺点变成优点。

自信是一个渴望成功的人必须具备的素质，也是成功的重要精神支柱。作为一名推销员尤其要正视自己，鼓起勇气面对自己的顾客。即使有人说你不是干这行的材料也没有关系，关键是你自己怎么看，这才是关键的关键。

推销之神原一平曾为自己矮小的身材懊恼不已，但身材矮小是无法改变的事实。后来他想通了，克服身材矮小的最好方法，就是坦然地面对它，让它自然地显现出来。最后，身材矮小反而变成了他的特色。他举办"原一平批评会"，每月举行一次，每次邀请5个客户，向他提出意见。第一次批评会就使原一平原形毕露：

——你的脾气太暴躁，常常沉不住气。

——你经常粗心大意。

——你太固执，常自以为是，这样容易失败，应该多听别人的意见。

——你太容易答应别人的托付，然而"轻诺者必寡信"。

——你的生活常识不够丰富，所以必须加强进修。

他接受了别人的批评，随时都在改进，在蜕变。他最大的收获就是把暴躁的脾气与永不服输的好胜心理，引导到了一个正确的方向。他意识到他最大的敌人不是别人，正是他自己。所以，原一平不会与别人比，而是与自己比：今日的原一平胜过昨日的原一平了吗？明日的原一平能胜过今日的原一平吗？

2. 克服自卑和畏难情绪

缺乏自信的推销人员，要么是自卑心理很重，认为自己这不行那不行，不是做推销的"料"；要么就是有畏难情绪，做什么都怕，怕客户拒绝，怕商品卖不出去。自卑感和畏难情绪严重阻碍自信心的树立，作为推销人员必须加以消除。

有个小伙子一直深爱着一位姑娘，但总是羞于表白。后来，在朋友的鼓励下，他终于鼓足了勇气，坚定地走向了姑娘的家。过了一会儿，朋友们看见小伙子兴高采烈地跑了回来。

"她一定是接受了你的求爱吧？"朋友们说。

"不，谢天谢地，她不在家。"小伙子长舒了一口气说道。

推销人员要克服自卑感，建立自信心，不仅要看到自己的缺点，更要看到自己的优点，形成心理环境的良性循环，从而萌发和逐步强化相信自己的意识。即使有缺点和不足，也要用发展的眼光看待，通过奋发努力也能成为内行，将来则会成为推销能手。另外，推销人员应以一种超然的姿态正确对待推销工作中的问题和困难，塑造坚强的性格，学会控制自己的情绪和态度，勇敢地面对挫折，热爱自己的职业，不断地总结经验和教训，寻找成功的秘诀。

3．加强心理训练，培养良好心态

推销人员可在推销实践中经常进行积极的自我心理暗示，逐步增强自信心。处境与暗示语对照表，见表 2-1。提高自信，是一个积极地自我激励的心理强化过程，培养自信心的心理训练是在推销实践过程中进行的，单凭心理活动难有成效，熟悉了业务，积累了经验、提高了能力，自信心自然就会产生。

表 2-1　处境与暗示语对照表

处　　境	暗示语
面对新的环境而产生担忧时	我很快能够适应新环境
接触陌生客户缺乏勇气时	我总有办法说服其购买我所推销的产品
遇到难处理的问题时	我要努力奋斗解决这个难题
遭遇失败时	成功就是爬起比跌倒多一次

作为推销人员，必须具备以下几种心态：

（1）积极主动的心态。积极的心态就是把好的、正确的方面扩张开来，在第一时间投入进去。积极的人像太阳，走到哪里都会发光，消极的人像月亮，初一十五不一样。当阴暗的现象或困难出现在我们面前的时候，如果只关注到阴暗或困难，那只会因此而消沉；如果更加关注阴暗的改变，将困难排除，就会感到自己心中充满阳光、充满力量。

（2）行动的心态。推销人员需要用行动去证明自己的价值，用行动去真正地关怀自己的客户，用行动去实现自己的目标。如果一切计划、一切目标、一切愿景都不去付诸行动，那计划就不能执行，目标就不能实现，再好的愿景也是肥皂泡。

（3）给予的心态。古语说："欲将取之，必先予之。"要获得，首先学会给予，没有给予，就很难获得。所以，作为推销人员要首先给同事以关怀，给经销商以服务，给客户以满意的产品。

（4）虚怀的心态。推销人员需要用虚怀的心态领悟和感受企业的文化、企业的发展思路、企业的管理方法，把自己融入到企业及团队中去。

（5）包容的心态。推销人员会接触到各种各样的客户，要和不同的客户打交道，大家的兴趣爱好、脾气秉性各不相同，这就要求推销人员学会包容，包容他人的不同喜好，包容别人的挑剔，为客户提供最好的产品和服务。

（6）学习的心态。学习不但是一种心态，更应该是推销人员的一种生活方式。竞争在加剧，不去学习，就不能提高，就很难创新，也难以适应竞争。学习不仅可以增强个人的竞争力，更可以增强企业的竞争力。

4．树立目标

有了必要的信心，一切都可以轻松地开始了。树立一个适当的目标，是推销人员在准备阶段必要的心理准备之一。没有目标，就永远不可能到达胜利的彼岸。每个人、每一项事业都需要有一套基本目标和信念，而许多人往往是做一天和尚撞一天钟，目标模糊，对于如何达到目标则心中无数。

一名优秀的推销员，应该制订出详细的目标，并进一步制订出一个实现目标的计划，在目标与计划的基础上计算好时间，以充裕的时间确保计划实现。我们认为一个好的目标应该是有层次的，长期、中期、即期，各期目标不同。简单来讲，即期目标是第二天或下个月销售出多少产品，而中期也许是一个季度或半年。目标还应该是多方面的，销售额只是其中一个方面，使潜在客户成为现在客户、挖掘出更多的客户、在推销过程中树立企业形象等，都应该成为目标的构成方面。这一问题涉及推销人员在推销过程中到底推销的是什么，这方面问题都会在后面详细论述。另外，目标不必太过详尽，重要的是切实可行。

一位成功的推销员介绍经验时说："我的秘诀是把计划表贴在床头，每天起床与就寝时都把今天的完成量和明天的目标额记录下来，提醒自己朝目标奋斗。"

5．把握原则

现代推销技术与传统的推销技术已有了很大的差别，推销人员已不再是简单地兜售商品，一名优秀的推销员在树立信心、明确目标之后，面对客户之前还应该把握住作为一名推销人员应遵循的原则：

（1）满足需要的原则。现代的推销观念是推销人员要协助客户，使他们的需要得到满足。推销人员在推销过程中应做好准备去发现客户的需要，而且应极力避免"强迫"推销，当客户感觉到推销人员在强迫他接受时，推销就失败了。最好的办法是推销人员利用推销使客户发现自己的需要，而推销的产品正好能够满足这种需要。

（2）诱导原则。推销就是使根本不了解或根本不想买这种商品的客户产生兴趣和购买欲望，或者使有了这种兴趣和欲望的客户采取实际行动，或者使已经使用了该商品的客户再次购买。当然能够让客户开口帮助推销人员宣传则更为成功。每一阶段的实现都需要推销人员把握诱导原则，使客户一步步跟上推销人员的思路。

（3）照顾客户利益原则。现代推销技术与传统推销的一个根本区别就在于，传统推销带有很强的欺骗性，而现代推销则是以"诚"为中心，推销人员从客户利益出发考虑问题。企业只能战胜同行，但永远不能战胜客户。客户在以市场为中心的今天已成为各企业争夺的对象，只有让客户感到企业是真正从消费者的角度来考虑问题，自己的利益在整个购买过程中得到了满足和保护，这样企业才可能从客户那里获利。

6．品格要求

要想成为优秀的推销人员，还必须具备高尚的品格，因为这种人格魅力能够吸引客户、打动客户，这样才能赢得客户的信任，从而达到成交的目的。高尚的品格具体表现在以下几个方面：

（1）必胜的信念和旺盛的斗志。在推销过程中，遭遇拒绝是再平常不过的事，拒绝伴随着许多推销人员的成长，重要的是推销人员在遭到拒绝之后，仍然要保持必胜的信念和良好的精神面貌，不能因为一时的挫折而退缩，而要用旺盛的斗志和毅力去争取成功。

（2）灵活的思维方式。推销人员必须具备灵活多变的思维方式和谈话技巧，应当时刻考虑到他人的情感，在谈话时避免使用分析的方式，尤其是对有争议的问题。

（3）遵守诺言。对于推销人员来说，承诺了的事情就一定要遵守。诚实可靠、言行一致、不说大话、严守信誉是与客户建立长期稳定关系的基础。

（4）忍耐和宽容。一名成功的推销人员，同时也应是一名处事圆滑的交际家。具体来讲就是要求推销人员注意训练忍耐和宽容的性格，具备礼貌地、客气地听取他人讲话的能力。因为客户一般都喜欢那些善于聚精会神地聆听，并不断点头示意表示理解，不轻易打断对方且不乱插嘴的推销人员。

（5）尊重客户。一流的推销人员都有一个共同的特点，就是善于发现别人的优点，而不喜欢挑别人的毛病。他们以慈善为度、宽大为怀，在推销活动中像尊重上帝一样地尊重每一个客户。

（6）切忌浮躁。浮躁常常会破坏冷静的判断，不少人因此而毁掉了自己刚刚起步的事业。

（7）热情。热情是必不可少的，热情具有感染力，充满热情的推销人员很容易感染客户。如果连推销人员自己都对产品缺乏热忱，客户就更不会感兴趣，所以为了达成交易，一定要唤起客户的激情。一项调查显示，销售经理已将热情作为挑选推销人员必备的重要个性之一。

（8）诚实和真诚。诚实反映在推销人员与客户交往中的率真上，不要作出违心的许诺。诚实也许会带来一些损失，但是，推销人员会因此而建立起与客户长期的购买合作关系。真诚意味着对客户有着积极主动的兴趣，表现为在推销过程中深思熟虑、诚恳相助。

日本推销专家古河长次郎认为，一位成功的推销员应领会“低、赏、感、微”四个字。

“低”，就是低姿态，即谦虚的意思。常言道：“礼多人不怪”，推销人员在行礼时，头越低，越谦虚，成功的概率越高。尤其在处理客户的抱怨时，你低头道歉，客户自嘴里吐出的“子弹”（咆哮）也就越头而过，不仅伤害不到你，反而会对你产生好印象。

“赏”，就是赞美词。美国人际关系专家卡内基曾说：推销员赞美客户的话应当像铃铛一样摇得叮当响。古河长次郎将自己多年的工作经验，自编了600套赞美词，在不同的场合中赞美客户。例如他看到客户的小男孩，就弯下腰和小孩一般高，一边摸小孩的头（最好摸两圈半），一面说：“好聪明呀，将来必像你爸爸一样做大生意。”如果是小女孩，则说，“好漂亮呀，长大一定跟妈妈一样是个美人儿。”推销要先开启客户的心，而赞美词就是一个“开心”的特效药。

“感”，就是感谢词，如“谢谢您”。古河长次郎认为中文的“谢谢您”是最动听的词，推销人员要常说“谢谢您”，并且一面说，一面要面带微笑，注视对方。谢谢您，发自内心的这么一句短短的话，会让你受用无穷。

“微”，就是微笑。古河长次郎说，推销员训练的第一课就应当是微笑，每天要对着镜子练习。日本一位推销员，在家中的厕所里安装一面镜子，在上厕所时也要对着镜子练习微笑。推销工作不适合绷着脸的哲学博士，而适合那些虽然只有初中、高中学历但脸上始终阳光灿烂的人。

二、礼仪准备

推销人员在推销商品之前，实际上是在进行自我推销。一名蓬头垢面的推销员不论他所带来的商品多么诱人，客户也不会理睬。推销人员的外形不一定要美丽迷人或英俊潇洒，但一定要让人感到舒服。那么在准备阶段，推销人员需要做到的是预备一套干净得体的服装，准备以充沛的体力、最佳的精神面貌出现在客户面前。

推销人员还应该根据自己的客户群体来选择着装。一般来讲，若你的客户是西装革履的白领阶层，那么你也应着西装；而当你的客户是机械零件的买主，那么你最好穿上工作服。日本的推销专家曾让推销人员穿上蓝色工作服，效果很好。他的建议是基于作出购买决策的决策者在工作现场是穿蓝色工作服而非往常的西服。由此可见，避免不协调应该是着装的一个重要原则。

1. 仪容仪表准备

仪容仪表是指推销人员的着装打扮，是留给客户的第一印象。推销人员着装的基本要求是整洁、得体、易于工作，仪容要做到洁净、自然，给客户以亲切的感觉。整洁、大方、稳重的仪容仪表是推销人员的基本要求，这样才能增强客户的信任感和亲切感。

做推销工作，着装打扮不是万能的，但打扮不好是万万不能的。如果穿着得体，自会令推销人员信心大增，外表的魅力可以使其处处受欢迎，不修边幅的推销人员在第一印象方面就失去了主动。

（1）男性推销人员在仪容仪表方面的注意事项。具体包括：

1）发不宜过长，做到前不遮眼、侧不遮耳、后不触领，并保持清洁、整洁，这有助于树立干练、专业、精神饱满的形象，可以给客户留下良好的印象。发式符合大众的审美习惯，切忌太新潮，以免给客户留下不可靠或不稳重的印象。

2）应每天刮胡须，饭后洁齿，保持口腔卫生，无异味，以便与客户保持愉快的沟通。

3）应穿白色或单色衬衫，保持衬衫干净整洁，领口、袖口无污迹。

4）西装应保持平整、挺括，西装外口不应放置香烟、钱包等大型物品，领带应紧贴领口，系得美观大方，并注意颜色的搭配。如需配领带夹，应选用精致、高雅的款式，并把其夹在衬衣的第四到第五颗扣子之间。

5）指甲不宜过长，并保持清洁。

6）皮鞋应光亮，穿深色裤子。

（2）女性推销人员在仪容仪表方面的注意事项。具体包括：

1）发型不宜太新潮，应文雅、庄重，梳理整齐，长发要用发卡夹好，发卡选择典雅大方的款式。

2）拜访客户时应化淡妆，慎用味道太浓的化妆品或佩戴太大、太耀眼的首饰，原则上全身的首饰不超过三件。

3）应穿着正装，大方、得体，不宜穿着过于暴露、休闲的服饰；裤子要平整干净；裙子长度要适宜，着裙装时需选择接近皮肤的丝袜，而且穿着时不要露出袜头。

4）指甲不宜过长，并保持清洁；如需涂指甲油，则应选择自然色指甲油。

5）原则上全身所穿衣服的颜色应在三种以内。

约翰刚进入推销行业时，着装、打扮非常不得体。经理告诫他："你看看你，头发弄得像个橄榄球运动员的发型，你应该每月理一次，这样看上去才精神。你连领带也不会系，你的衣服颜色搭配也不协调，你必须在自己的打扮上下点功夫。"约翰辩白说："可您知道，我根本打扮不起。""我是在帮你省钱，当你着装得体的时候，更容易赢得客户的信任，赚钱也就容易多了。"

于是约翰去了一家美发厅，特意理了一个生意人的发型，又去了一家男装店，请老板帮他打扮一下，老板认真地教约翰打领带，又帮他挑了西服，选了与之相配的衬衫、领带、袜子、皮鞋等。约翰以前老是把一套衣服穿得皱巴巴时才换，后来注意到还得经常熨烫。老板告诉约翰："没有人会好几天穿一套衣服，即使你只有两套衣服，也得勤洗勤换。"过了不久，随着推销业绩的好转，约翰有了足够的钱来买衣服了。

2．行为举止要求

行为举止是指推销人员的动作、表情、手势、眼神等。推销人员的行为应做到彬彬有礼，落落大方。

（1）端正的站姿。站姿是生活交往中最基本的一种举止，良好优雅的站姿给人一种挺、直、高的感觉，也就是俗话说的"站如松"。正确的站姿是：抬头，目视前方，挺胸直腰，肩平，双臂自然下垂，收腹，双腿并拢直立，脚尖分呈"V"形，身体重心放在两脚中间，也可以两脚分开，比肩略窄，将双手合起，放在腹前后腹后。推销人员的站姿应尽量显得大方自然，这有助于获得客户的信任。

（2）稳重的坐姿。生活中各种活动都离不开坐，正确的坐姿能给人一种庄重的印象，俗话说"坐如钟"。入座时要轻，至少要坐满椅子的2/3，后背轻靠椅背，双膝自然并拢（男性可略分开）。身体稍向前倾，则表示尊重和谦虚，这种姿势会大大增强推销人员在客户心目中的可信赖度。如端坐时间过长，可双腿交叉重叠，但要注意将上面的腿向回收，脚尖向下。女性入座前应先将裙摆向前收拢，两腿同时向左或向右放，两手叠放在腿上。

（3）优雅的走姿。行走是动态的举止，行走时走姿轻松、干脆利落可以表现出一个人的精力充沛、蓬勃向上的精神状态，给人一种美感。行走的正确姿态是灵活、轻巧、敏捷，行进的方向应保持相对稳定，不要多变；行进的步伐不宜太大或太小，应尽量均速前进；行进时应当目视对方，不宜东张西望；行进时腰部要放松，上身要挺拔，腿部要伸直，双脚不要距离过大，不要走成"八字步"。行走时也要以礼待人：①不要与人抢道，不应阻碍他人行走，在经过楼梯、走廊及公共场所时，不要抢行。②在上司、贵宾、长辈或女士在场时，最好不要从其面前通过，而应于其身后"绕行"。③在向别人告辞时，不要背朝着对方，而应面向对方或侧向对方，缓步后退。

（4）正确的手势。手势是另一种重要的身体语言，在洽谈过程中有助于表现自己的情绪，更好地说明某个问题，从而增强推销的说服力和感染力。手势不宜过多，否则会分散客户的注意力，甚至引起客户的烦厌心理。作为推销人员手势的动作不能太大，不能不分场合地拍打客户的肩膀或与客户勾肩搭背，这极容易引起客户的不快。在比划双手时一般不要超出双肩以内的范围，否则会给人以手舞足蹈、轻浮乃至轻狂不实在的印象，但也不可太拘谨，显得生硬怯弱，缩手缩脚，缺乏应有的自信，也难引起客户对你的信赖感。谈到自己时，不要指自己，而应将手掌按在胸口上，以显得斯文；谈到别人、讲解产品时，切忌用手指点，一般应以掌心向上、四指并拢、拇指自然伸展的手形来表示。在推销活动中，如果不是为了传递信息，手应该保持静止，给人以稳重的感觉。

（5）认真的眼神。目光是眼神的重要组成部分，目光注视对方的身体部位、时间、方式和转换都有不同的要求。作为推销人员，一直注视对方会令客户感到不舒服、不自然，而不看对方又会让人觉得冷漠和不自信；当问候和打招呼时，要让对方感受到真挚之情，就必须把目光落在对方的脸上，一般正视或仰视都可以表达对客户的尊重和礼貌；在交谈时如果对方一直注视着你，你也应该常常看着对方，以显示你的自信，但长时间地注视对方也是不礼貌的，应该有意识地转换目光，让对方借机放松一下，与多人交谈时，应遵守“平等”的原则。

如果你想转移视线的时候，奖状、壁饰、插花都是很好的注视目标，因为这些东西都是对方非常希望被看到的。而且这些东西常常会带来许多话题，而打开话题对推销活动来讲也是突破的重点。

（6）真诚的微笑。微笑是心情愉快的反映，是来自内心的快乐，也是礼貌和涵养的一种表现，要做到真诚的微笑，最重要的莫过于真诚，而且这种真诚必须是发自内心的。常存恭维、友爱之心，把客户当朋友，才能发出真诚的微笑。

作为推销人员，在上门访问进行推销时，大多数的客户都比较排斥，所以往往表示出不悦的神情，要消除这种沟通的障碍，营造一个良好的交往氛围，首先要用微笑表达你的善意。俗话说：“伸手不打笑脸人”，推销人员若能自然熟练地运用微笑，则有助于打动客户的心。当遭遇客户拒绝时，要微笑，此时的微笑表示推销人员对客户观点的认同，但自己确实无能为力，希望客户能够谅解；当遇到异议时，脸上要挂着微笑，此刻的微笑表示对客户信任与支持的感谢；当交易未达成与客户道别时，更要微笑，为以后的合作做铺垫。总之，微笑能使人身心放松，是最能获得好感的表情，人们能从微笑中感受到热情、真诚和友善，因此保持得体的微笑更容易获得信任和尊重。

闻名全球的希尔顿酒店快速发展的重要秘诀就是“服务员微笑的影响力”，要求员工“无论如何辛苦，也必须对客户保持微笑”。沃尔玛超市是世界 500 强企业之一，它的微笑服务享誉全世界，“统一规格”是店员微笑时必须露出 8 颗牙齿，只有这样才算合格。许多成功的推销人员也有这样的共同特点，那就是能够始终用微笑去面对每一个客户。

3．交往礼仪要求

（1）拜访礼仪。拜访也称访问，是指推销人员亲自到潜在客户的单位或相应的场合拜见访问客户的活动。拜访是推销人员的日常销售活动，推销人员应注意以下礼仪规范：

1）拜访客户时，无论客户的门是关是开，推销人员都应先按门铃或轻轻敲门，得到允许后，方可进入。

2）进入主人房间或办公室时，在主人告知资料袋、手提袋或雨伞放置何处前不应贸然行事。

3）应等主人指示后再入座。如主人出于某种原因没有指明，推销人员可先征询，得到同意后再入座。

4）举止得体、稳重、自然、彬彬有礼、不卑不亢。

5）不要任意抚摸或玩弄客户桌上的物品。

6）用积极的姿态聆听客户的讲话，用热情的语气与客户交谈。

7）除非主人邀请，不要吸烟。

8）当有人为你倒水或者奉茶时，要有礼貌地回应。

9）在告辞说过再见后，身体就该离开椅子。如果碰到受访者非常忙碌时，要有礼貌地请对方留步。

（2）称呼礼仪。称呼，通常指的是人们在日常交往应酬中，所采用的彼此之间的称谓语。在人际交往中，选择正确、适当的称呼，反映着自身的教养、对对方尊敬的程度，甚至还体现着双方关系发展所达到的程度和社会的风尚。因此对它不能忽视大意、随便乱用。具体注意事项有：

1）切忌使用一些易产生误会的称呼，如“小姐”“同志”“农民”“老人家”“伙计”等。

2）不适宜在商务场合中使用的称呼不要用，如“兄弟”“姐们儿”“哥们儿”等。

3）初次与人见面或谈业务时，要称呼姓+职务，并一字一字地说得特别清楚。

4）在交谈过程中，称呼对方时，要加重语气，称呼完了停顿一会儿，然后再谈要说的事，这样能引起对方的注意，让他认真地听下去。

5）与对方十分熟悉之后，千万不要因此而忽略了对对方的称呼，一定要坚持称呼对方的姓+职务（职称），尤其是有其他人在场的情况下。

（3）握手礼仪。握手是社交场合中运用最多的一种礼节。推销人员与客户初次见面，经过介绍后或介绍的同时，握手会拉近推销人员与客户之间的距离，但握手是有讲究的，不加注意就会给客户留下不懂礼貌的印象。具体注意事项有：

1）握手时上身要略微前倾，头要微低，双目注视对方，面带笑容。

2）两足立正，四指并拢，拇指自然向上张开，伸出右手，彼此之间保持一步左右的距离，握着对方的手掌，而不是握指尖。

3）上下晃动 2～3 下，握手的时间保持在 3～5 秒为宜，并且适当用力。

4）握手的先后顺序一般是主人、年长者、身份地位高者、女士先伸手。

5）忌握手时手部不洁净、戴手套和十字交叉握手。

（4）介绍礼仪。介绍是推销交际中最常见的一个环节，是社交场合中相互了解的基本方式。推销人员与客户初次见面，一般都应作自我介绍。具体注意事项有：

1）自我介绍的内容至少应包括姓名、单位、职业，某些场合可以多介绍一些自己的情况，如经历、特长、兴趣爱好等，以便给人留下深刻的印象。

2）自我介绍的时机一般是在跟客户刚见面的时候，也可以在交谈中进行。

（5）名片礼仪。名片是推销人员的一种常用交际工具，在和客户交谈时，递给客户一张名片不仅是自我介绍，而且与客户建立了联系，既方便又体面。具体注意事项有：

1）名片夹应放在西装的内袋里，不应从裤子口袋掏出。

2）递名片时，双手拿着名片的两个上角，正面朝着对方。

3）接名片时，一定要起身，拿到名片后不要急于收进名片夹，应先仔细看名片上的内容，然后读出对方的姓名和职务，表示对对方的尊重。

4）与多人交换名片时，应讲究先后次序，如果不了解对方身份时，应由近而远，顺时针散发。

5）异地推销时，不要忘记在名片上留下所住酒店的名称、房间号和电话号码。

（6）电话礼仪。在推销工作中，使用电话的语言很关键，它直接影响着一个企业的声誉或自身的形象。客户通过电话也能粗略判断推销人员的人品、性格。因此，推销人员掌握正确的、礼貌待人的打电话方法是非常必要的。电话礼仪应注意的事项有：

1）打电话的时间应尽量避开上午7点以前、晚上10点以后及临近下班的时间，还应避开午休和晚饭时间。

2）电话交谈所持续的时间不宜过长，一般以3～5分钟为宜，公务电话应尽量打到对方单位。

3）通话之前应先核对对方公司的电话号码、名称及接话人姓名，准备好在应答中使用的备忘纸和笔，以及必要的资料和文件。

4）电话拨通后，应首先问候对方，然后确认自己是否拨错号码，得到答复后再报自己的单位、姓名等。

5）询问对方是否方便接听电话，在对方方便的情况下再开始交谈。如果对方回答不方便，应以商量的口吻再另约时间，让对方决定什么时候再打过去。

6）电话用语应文明、规范，电话内容要简明、扼要。

（7）宴请礼仪。宴会是在社交活动中，尤其是在商务场合中表示欢迎、庆贺、饯行、答谢等，以增进友谊和融洽气氛的重要手段。招待宴请活动的形式多种多样，礼仪繁杂，掌握其礼仪规范是十分重要的。具体注意事项有：

1）推销人员准备设宴招待客户时，要尊重客户的习惯、爱好，招待客户的时间、地点最好在宴请前与客户商定，较正式的宴请要提前一周左右发请柬，已经口头约好的活动，仍应补送请柬。

2）在客人到达前，推销人员要安排好席位以便客人来了入座。通常情况下，宴会有多席的，应安排主桌，贵宾安排在主桌上，其他各桌也要有主次，妥善安排。桌数多时，最好有专人引导入座，使客人及时找到自己的座位。

3）对于非正式的商务用餐，其座位不太讲究，可自然就座，但须注意以下几点：①主人不能率先就座；②一般应请对方就座于较佳的座次，即主人的右侧或正对面，主人宜坐在主宾的左面或其正对面。

4）菜肴要合乎宾客的口味，尽量考虑宾客的年龄、习惯、健康状况等，也可以适当考虑本地的一些特色。

5）依照礼仪的规定，待主宾用完主菜之后或在点菜之后，作为推销人员或主人便可以主动针对业务方面的问题展开交谈。推销人员应注意在交谈过程中，不要影响他人用餐，有必要讲讲停停，一张一弛，在别人用餐时，切勿向其讨教，自己说话时，不要长篇大论，或是张牙舞爪，口沫横飞。

6）宴请活动的气氛要轻松愉快，宴请者应设法使宴会中的每个人情绪饱满，有说有笑，始终保持热烈友好的气氛。

任务二　做好产品准备

【情景重现】

一位兼职推销员的经历

大学生黄冰兼职做起了某化妆品的推销工作，一天，她非常热情地把她所推销的化妆品介绍给了一位男士客户，不厌其烦地劝其购买，下面是他们的对话。

客户：“请问这个牌子的产品与其他进口化妆品相比，有什么特点？”

黄冰：“这个，唔，我不知道。”

客户：“可能我问的问题太大了，你能不能告诉我这种产品与其他产品在价格上的差别？”

黄冰：“哦，这种产品的价格可便宜了，比什么法国、意大利进口的产品要便宜得多。”

当黄冰向这位客户推销男士用的古龙香水时，这位客户发现香水瓶的瓶口很大。

客户：“为什么香水瓶的瓶口与瓶子一样大？如果一不小心将香水瓶碰倒了，这几十块钱买来的香水不就没有了？”

黄冰：“是啊，怎么搞的，也不加个内盖，也不装个喷嘴，我拿来就是这个样子的，我都搞不清楚是怎么回事！”

讨论与交流：

1. 客户听到这位推销人员的解释后，是否会购买产品？
2. 黄冰推销的问题出在哪里？

推销人员在做好了充分的心理准备之后，应该对自己推销的产品进行了解、研究。在出发前对产品做好各项准备是必不可少的，当然这是推销成功的秘诀，同时，这一准备过程也是大有学问的。

一、对推销产品的了解

我们不能要求客户是商品专家，但推销人员一定要成为自己所推销的商品的专家。作为推销人员，了解你的产品应做到如下几点：

1. 了解你所推销的产品的特点与功能

事实证明，一个仅仅推销具体产品的推销员与推销产品功能的推销员差别是非常大的。人们购买的最根本目的是为满足其某种需求，而商品的功能正具有使需要得以满足的可能性。因此，一位优秀的推销员应该能够正确地认识自己的产品，了解它最能满足哪一个层次的需求。如有可能应该开发出它的多层次特征，以便将来面对各种不同需求时可以应对自如。例如，一辆小汽车是否能给人们以安全感虽然至关重要，但是你所推销的汽车究竟是以满足何种需求为中心的呢？是小型轻便的家庭用车还是豪华轿车？

2. 要对所推销的产品的方方面面了如指掌

推销人员对于产品的专业数据要心中有数，要能对答如流。这一点对于面向生产企业工作的推销人员来说尤为重要，你一定要让你的客户感觉到在他面前的人不仅是一名推销人员，更是一位这一类产品的专家。这样一来，你所讲的一切都意义非凡了。如果你推销的产品是高档耐用的，那么掌握各种专业数据也是必不可少的，同时对于产品一些并不具体的、并非显而易见的特点的了解也是至关重要的。一些感觉上的模糊可能导致客户认识上的错误，进而导致对产品的误解。作为一名推销人员，一定要有能力解决客户的任何一个疑虑。

3. 判断推销商品是理性商品还是感性商品

一般来讲，汽车、房屋、钢琴、空调等高档耐用品，以及生产资料均为理性产品，对于这一类产品人们购买时多持谨慎态度，购买所花时间也较长，购买时要充分考虑商品的特性、效用、价格、付款方式以及售后服务。理性商品的价格一般来讲比较高，人们购买的次数也较少。而大多数日常用品如食品，则为感性商品，这些商品价格比较低，人们购买的频率高，对于商品的合理性、效用性、付款方式不会作过多考虑，购买所用时间较少，有时会在冲动心理支配下购买。当然还有一类产品是介于上述两者之间的，我们称之为中性商品，如皮箱、手提包等价格中档，购买次数不太多的商品。

对于不同类型的商品，推销人员所采用的推销技巧应是不同的。具体来讲，对于理性商品，推销人员不能光凭三寸不烂之舌，还应该做好技术员和咨询员的工作，你所掌握的专业数据会显示出它的威力。而对于感性商品，推销人员最好用感情来推销，这时推销人员个人的魅力就显得尤为重要了。对于中性商品，也许你会感到手足无措，不妨采用一个最简单的办法，即中性商品中价格较高的，可以采用偏向于理性产品的推销方法；价格较低的，不妨试试感性产品的推销方法。

4. 了解推销产品所构成的形象

推销人员要知道推销产品所构成的形象。我们知道，产品是多层次的概念，包括核心产品、有形产品和延伸产品。核心产品是满足购买者真正购买意图的产品，如购买口红的女性绝不只是想要买到涂嘴唇的颜色，更多的是购买一种变美的希望；钻头使用者其实是在购买相应的尺寸的孔。这些核心利益与服务通过有形产品的质量水平、特色、式样、品牌、包装反映出来。延伸产品则带来产品设计者所提供的附加服务和附加利益。推销人员应善于综合把握这样一个多层次的产品，深入体会，力图理解产品所形成的形象。例如，家用型计算机就是在解决了形象问题之后销量大增的。这种产品虽然能节省时间并且简化日常工作，但它似乎过于复杂而且难以使用，只有当家用型计算机树立起“好伙伴”的形象时，它才不再被拒绝，人们接受它则意味着销售量大增。

二、相信你的产品

详细地了解产品是推销人员增强信心的基础；同时，将手头的资料加以准备也是增强信心的有效途径之一。作为推销人员，准备资料的秘诀则在于让企业的宣传资料经过你的加工整理，成为活生生的资料，因为只有活泼、新鲜、充满热情的资料才能打动客户。往往推销人员随便分发给客户的宣传材料，客户可能看都不看就把它扔进纸篓。而如果你花心思，利用自己的智慧制作出宣传品，你会对它倍加珍惜，而这种情绪自然会感染客户，客户也会感动于你付出的心血，从而愿意挤出时间来让你展示资料，倾听你的意见。

有人曾做过这样一个实验：由两位水平相当的教师分别随机抽取两组水平不相上下的学生，教授完全相同的课程。所不同的是，其中一位教师被告知他所教的学生天资聪慧、思维敏捷，如果对他们倾注所有的关注和爱，并帮助他们树立信心，他们就能解决任何棘手的问题。而另一位教师则被告知，他的学生资质一般，所以只是期待一般的结果。一年后，所谓“聪明”组的学生比“一般”组的学生在学习成绩上整体领先。

三、样品准备

推销人员在推销之前，还应准备好推销的样品，在推销的关键时刻，“拿出你的证据来”。客户永远只相信自己所看到的，因此最有力的推销莫过于在现场给客户演示整个产品的结构、性能、和使用方法等。在准备推销样品时应注意：样品一定要色泽如新，整洁美观，标志清晰完整，功能齐全，性能稳定。

四、对所在企业的了解

对于客户来说，推销人员就是自身企业的化身。他们常常是客户与企业之间联系的唯一纽带。作为推销人员，必须对所在企业的情况有详细的了解。

1. 企业的背景

企业的背景知识等信息，对推销人员开展工作很有帮助。当竞争对手的产品与推销人员所在企业的产品非常同质化时，对客户来说，企业的背景情况比产品情况更为重要。客户会倾向于购买背景更好的企业的产品。这些有用的信息包括：企业的创建时间；创始人；企业的成长史；企业历史上的成就等。

2. 企业目前的情况

企业目前的情况包括：经营业绩，如销售额、利润额等；在市场上的地位，如市场占有率等；在行业中的地位；产品结构；技术开发；企业规模；企业文化；社会形象等。

3. 企业的政策和秩序

熟悉企业的政策和秩序的目的在于，防止推销人员因为不了解企业的政策和秩序，向客户乱许超出职权范围的承诺，而使得推销人员被动，使企业被动。与推销有关的政策和秩序，主要有：企业的价格政策、企业的折价政策、赊销等信用政策、服务措施等。

4. 企业的组织与人事

推销人员必须同企业内的许多部门保持积极的联系。因为即使是像接受客户订单这一简单的活动，也必须依靠企业的销售部、财务部、运输部等若干部门的通力合作。如果推销人员十分清楚地了解完成某一工作的路径，将会事半功倍。

5. 企业未来的发展规划

了解企业未来的激动人心的发展规划，可以大大增加推销人员的自信心和自豪感，帮助推销人员在推销之路上勇往直前。

李明在一家公司从事推销工作已有 15 年了。一天，经理问他公司里大部分推销人员在从事推销工作 8～10 年后，销售额就不再上升，而他却仍在不断上升的诀窍时，李明说根本就没有什么诀窍。他说如果有诀窍，那就是一个专业的推销人员必须像其他专业人员一样，不断地学习。在销售过程中，产品、产品用途、竞争对手、客户在不断地变化，一个专业的推销人员也必须跟上这些变化。他说："我经常阅读商业杂志，参加商业展览，注意商业会议，阅读公司分发的各种材料，倾听客户意见。我对客户了解得越深，对公司、本行业、本产品和竞争对手越熟悉，我就越为销售奠定了良好的基础。"

五、对所在行业的了解

对本行业的深入了解将使推销人员洞察客户的需求及偏好的变化。行业的新的发展，可能使某些客户的重要性减弱，而使另一些客户的重要性增强，还会有一批新的客户崛起。成功的推销人员会注意到这种变化，并抓住这种变化；不成功的推销人员往往把精力放在以前的目标市场上，而忽略了新兴市场，从而陷入困境。

1. 行业基本情况

作为推销人员，如果你想在销售上获得成功，有数不清的问题要问你自己：行业中的供给者和客户有什么性质？他们是大是小？地域集中还是分散？是否是劳动密集型？规模经济是否重要？客户对价格或服务是否敏感？是否有替代品？技术变化如何？影响程度如何？如果客户转向别的供应商，企业会损失多少？

2. 竞争对手的信息

对于竞争对手的信息的了解，是推销人员必须掌握的行业知识中关键的一环。客户常常会对竞争对手的产品提出问题或作出评价，推销人员必须对竞争对手有充分了解，这样才可以对他们作出正确的评价。所以，推销人员对竞争对手的了解应该和其对本企业及其产品的了解一样多。

常见获得有关竞争对手的信息的办法或途径

客户：同所有的人交谈，包括买主、推销人员、接线员、办公人员和生产工人。你也可以在客户的办公室里观察他们使用哪些竞争对手的产品。询问他们喜欢竞争者的什么产品，不喜欢什么产品，竞争者产品的优点是什么，缺点是什么等。

竞争者：你可能经常同竞争者的销售人员打交道，或者是在客户的办公室，或者是在行业会议上。你没有必要向其直接询问商业秘密，但有谁会比销售人员更喜欢聚在一起谈话呢？

媒体的公开消息：各种媒体，尤其是商务报刊、贸易期刊，是销售人员获得有用信息的主要渠道。

广告：虽然广告侧重于产品的优点，但竞争者的广告也能提供一些有用的信息。

贸易展览会：贸易展览会能提供丰富的信息。假如你自己不便到竞争者的摊位上去了解信息，你可以让你自己的朋友或对手不熟悉的同事去了解情况。

任务三　做好客户准备

【情景重现】

他为什么推销失败

张林是一位推销计时设备的推销员，几家大工厂都很信赖他推销的产品，并争相向他订货，同时对他提出的意见也很尊重。为了更好地发展与这些企业的良好关系，他准备向这些企业的办公室员工推销一种特殊的工作计时器，他按照常规向他们详细地讲述了这种计时器的各种优点和用途：便于有效地进行统一管理；可以帮助他们合理地安排时间；可以为他们提供分析工作效率的数据资料；可以按工作时间长短为他们准确计算工资提供依据。

但是他的推销工作遇到了极大的阻力，办公室员工几乎一致提出："在办公室安装这种钟控制时间是没有必要的。"管理层也很同意，张林很不理解。

讨论与交流：

1. 是什么原因导致了这一结果？
2. 办公室员工主要属于什么类型的客户？

在自我心理准备成熟，充分研究产品之后，下一步就是对客户做好出发前的准备工作。内容包括：把握客户类型，了解客户的消费心理，分析其购买产品的心理动机，以及可能产生哪些消费行为。

心理学家帮助我们将客户从心理上划分为九种类型，熟悉、了解每一类客户的性格与心理特征，可以使我们在推销过程中对症下药，因人施计。

1．内向型

这类客户生活比较封闭，对外界事物表现冷淡，和陌生人保持一定距离，对自己的小天地之中的变化异常敏感，在对待推销上，他们的反应是不强烈的。说服此类客户对推销人员来说难度相当大。这类客户对产品挑剔，对推销人员的态度、言行、举止异常敏感，他们大多讨厌推销人员过分热情，因为这与他们的性格格格不入。对于这一类客户，推销人员给他们留下的第一印象将直接影响着他们的购买决策。另外，对于这一类客户要注意投其所好，才容易谈得投机，否则会难以接近。

2．随和型

这一类客户总体来看性格开朗，容易相处，内心防线较弱，对陌生人的戒备心理不如第一类客户强。他们在面对推销人员时容易被说服，不会令推销人员难堪。这一类客户表面上是不喜欢当面拒绝别人的。所以推销人员要耐心和他们周旋，而这也并不会引起他们太多的反感。对于性格随和的客户，推销人员的幽默、风趣会起到意想不到的作用。如果他们赏识你，会主动帮助你推销。但这一类客户有容易忘记自己诺言的缺点。

3．刚强型

这一类客户性格刚毅，个性严肃、正直，尤其对待工作认真、严肃，决策谨慎，思维缜密。这一类客户也是推销人员的难点所在，但你一旦说服了他们，他们就会对你的销售额大有益处。总体来讲，刚强型的客户不喜欢推销人员随意行动，因此，在他们面前应遵守纪律，显示出严谨的工作作风，时间观念尤其要强。这一类客户初次见面时往往难以接近，推销人员如果在出访前获知销售对象是这一类型客户，最好经第三者介绍，这样会有利得多。

4．神经质型

这一类客户对外界事物、人物反应异常敏感，且耿耿于怀；他们对自己所作的决策容易反悔；情绪不稳定，易激动。对待这一类客户，推销人员一定要有耐心，不能急躁，同时要记住应该言语谨慎，一定要避免推销人员之间或是推销人员与其他客户进行私下议论，因为这样极易引起神经质型客户的反感。如果你能在推销过程中把握住对方的情绪变动，顺其自然，并且能在合适的时间提出自己的观点，那么成功就会属于你。

5．虚荣型

这一类客户在与人交往时喜欢表现自己，突出自己，不喜欢听别人劝说，任性且嫉妒心较重。对待这类客户要引出其熟悉并且感兴趣的话题，为他提供发表高见的机会，不要轻易反驳或打断其谈话。在整个推销过程中，推销人员不能表现太突出，不要给对方留下对他极力劝说的印象。如果在推销过程中，你能使第三者开口附和你的客户，那么他会在心情愉快的情况下作出令你满意的决策。

6．好斗型

这一类客户好胜心强、顽固，同时对事物的判断比较专横，又喜欢将自己的想法强加于别人，征服欲强。他们有事必躬亲的习惯，尤其喜欢在细节上与人争个明白。对待这种客户，推销人员一定要做好会被他步步紧逼的心理准备，必要时丢点面子也许会使事情好办得多。准备足够的数据资料、证明材料将会助你取得成功。

7．顽固型

这类客户多为老年客户，是在消费上具有特别偏好的客户。他们对新产品往往不乐意接受，不愿意轻易改变原有的消费模式与结构，对推销人员的态度多半不友好。推销人员不要试图在短时间内改变这类客户，否则容易引起对方强烈的抵触情绪和逆反心理，还是让自己手中的资料、数据来说服对方，这样比较有把握一些。推销人员对这类客户应该先发制人，不要给他表示拒绝的机会，因为对方一旦明确表态，再让他改变就有些困难了。

8．怀疑型

这类客户对产品和推销人员的人格都会提出质疑。面对怀疑型的客户，推销人员的自信心显得更为重要，一定不要受客户的影响，一定要对产品充满信心，但不要企图以自己的口才取胜，因为客户对推销人员所言同样持怀疑态度，这时也许某些专业数据、专家评论会对推销人员有所帮助。作为推销人员，切记不要轻易在价格上让步，因为你的让步也许会使对方对你的产品产生疑虑。建立起客户对你的信任至关重要，端庄严肃的外表与谨慎的态度会有助于成功。

9．沉默型

这类客户在整个推销过程中表现消极，态度冷淡。客户陷入沉默的原因是多方面的。推销人员不擅辞令会使整个局面僵持，这时推销人员可以提出一些简单的问题刺激客户的谈话欲。若客户对面前的产品缺乏专业知识并且兴趣不高，推销人员此时要避免拿技术性问题出来讨论，而应该针对其功能进行解说，打破沉默；若是由于考虑问题过多而陷入沉默，这时不妨给对方一定的时间去思考，然后提一些诱导性的问题试着让对方把疑虑讲出来大家协商；

若客户由于讨厌推销人员而沉默，推销人员这时最好反省一下自己，找出问题的根源，如能当时解决则迅速作出调整，如果问题不易解决则先撤退，以备再试成功。

以上是对客户的总体分析，以及对待每一类客户的一些简单的原则和态度，在实际推销过程中还需要灵活对待。切记不可教条化，一位客户也许是几类的综合，也许是介于两类之间，这就对推销人员的判断力与机智提出了考验。

【项目小结】

1. 成功推销的心理要素首先是相信自己，树立自信，还有克服自卑和畏难情绪，培养良好的心态。推销人员的魅力来自其良好的心理品质。

2. 仪容仪表是推销人员留给客户的第一印象，所以推销人员应注意个人的打扮，基本要求是整洁得体、洁净自然。

3. 推销过程中推销人员的行为举止、动作表情、手势眼神等要做到彬彬有礼、落落大方、不卑不亢，要运用端正的站姿、稳重的坐姿、优雅的走姿、正确的手势、认真的眼神打动客户，体现推销人员良好的气质和修养。

4. 推销活动中的交往礼仪主要包括拜访礼仪、称呼礼仪、握手礼仪、介绍礼仪、名片礼仪、电话礼仪、宴请礼仪等。

5. 推销人员应对自己推销的产品进行全面的了解，包括产品的特点、功能、用途、性质、构成要素等方方面面，除此之外，还应了解行业的知识、企业的背景、竞争对手情况等，这样就可以为客户详细地介绍产品，使自己成为一名产品专家。

6. 除了自身与产品准备，还应对客户做好出发前的准备工作，内容包括：把握客户类型，了解客户的消费心理，分析其购买产品的心理动机，因人施计。

项目综合训练

1. 美国有一位“价值百万美元笑脸”的推销专家威廉·怀特，他因为拥有一张令客户无法抗拒的笑脸，才获此美誉。他的迷人微笑并非天生，而是来自苦练。四十多岁时，威廉退出棒球界，应聘保险公司推销人员，他心想以自己在棒球界的知名度，理应被录取，结果却遭到淘汰。人事经理对他说：“做推销人员必须有一张迷人笑脸，而你没有。”

此后，威廉立志苦练笑脸。他每日在家大笑百次，弄得邻居以为他有毛病，为此他躲在洗手间里练习。一段时间后他再去见经理，经理说：“还是不行。”威廉不认输，继续努力，他收集了各种人物微笑的画照，贴满房间，以便随时观摩，他还买了大镜子放在洗手间里，以便对照。过了一阵子，他又见了一次经理，经理冷淡地说：“好一点了，但还是不吸引人。”威廉不死心，回去坚持练习。一天他碰到社区管理员，很自然地笑了笑，管理员对他说：“你看起来跟过去不一样了。”这句话使威廉信心大增，又跑去见经理，经理说：“有些意思了，不过似乎不是发自内心的。”

威廉不气馁，又回去苦练，最后终于练成那张“价值百万美元的笑脸”。

问题讨论：

（1）威廉的成功对你有何启示？

（2）对照推销人员的要求，分析自己有什么不足，计划如何自我提高和完善？

2. 推销人员小杨怀着紧张的心情敲开了潜在客户周总办公室的门，下面是他们的对话。

推销人员（小杨）："你好，请问您是周总吗？"

客户（周总）："请问你是哪位？"

小杨："噢，您就是周总啊，我是伟大公司的销售人员小杨，我是想……"

周总："不好意思，我很忙，下次吧。"

小杨："我想建议您使用我们公司新推出的××产品。"

周总："哦，那你说的这种新产品的主要功能是什么？"

小杨："这个呀，你稍等一下，我看看资料，××产品的主要功能是这个，还有那个……"（说了半天也没有说清楚）

周总："先这样吧，等你完全理解之后咱们再联系，好吗？"

问题讨论：

（1）小杨的这次推销为什么会失败？

（2）接触客户以前，我们需要在哪些方面进行准备？

3. 有一艘船航行在汪洋大海上，有几个国家的商人正在船上开会。这时，船漏水了。眼看着船要下沉，全船的人都十分惊恐。于是，船长把船员们叫过来对他们说："快，通知船上的商人都穿上救生衣，跳进海里去。"过了一会，船员们过来了，向船长汇报说商人们都不愿往水里跳。船长说："真是个笨蛋，看我的。"一会儿船长回来了，对船员们说，商人们都已经跳进海里了。船员们围着船长问："您用了什么样的方法让他们都跳下去呢？"船长说："我用的是心理学的方法。我对英国人说，跳下去是绅士风度的体现；对法国人说，跳下去是很浪漫的；对德国人说，跳下去是命令；对意大利人说，跳下去是不被天主教禁止的；对美国人说，跳下去，因为你是被保过险的。"

问题讨论：

（1）船员失败的原因是什么？

（2）如何针对客户类型进行沟通？

实训项目

1. 课内模拟演练

2013年10月1日，第二十五届××产品国际交易会隆重举行，作为主办方的华日公司对此次交易会进行了隆重准备，由专人电话邀请来自世界各国的各类相关企业参展。会议当天，华日公司特意安排两位迎宾人员在会厅门口接待各位来宾，并引领各来宾参观；各参展商家负责人也借此机会进行合作交流，洽谈……

根据以上背景，同学分成7～8人一组，自行根据背景材料完成此次交易会的情景模拟，具体要求如下：

（1）情景模拟前要有同学介绍剧情、人物。

（2）在情景中必须包含电话礼仪、介绍礼仪、名片礼仪、仪态礼仪、称呼礼仪、握手礼仪等推销礼仪。

（3）每组同学表演时间控制在8～10分钟。

（4）评分标准见表2-2。

表2-2 评分标准

内容 分数 小组	介绍礼仪（10分）	握手礼仪（10分）	名片礼仪（10分）	走姿（10分）	坐姿（10分）	站姿（10分）	电话礼仪（10分）	称呼礼仪（10分）	语言表达（20分）	总分（100分）
1										
2										
3										
4										
5										

2．课外实战训练

试着找一位现职的推销人员，向他作如下询问：

（1）您认为您最主要的任务是什么？

（2）您是如何看待您现有的客户和潜在客户的？

（3）您是本着什么样的态度去从事推销这项工作的？

（4）如何当好一名称职的推销人员？怎样塑造自己的良好形象？

活动结束后，以小组为单位撰写总结报告，并在全班进行交流和讨论。

项目三
寻找客户

能力目标

1. 能够灵活运用各种方法找到目标客户
2. 能够判断客户的购买资格，确定是否需要接近和拜访

知识目标

1. 掌握寻找客户的方法
2. 熟悉客户资格审查的内容
3. 掌握客户资格审查的方法

训练重点

1. 寻找客户的技巧训练
2. 客户资格审查的判断训练

【情景模拟】

撰写客户名单

同学们假设自己是某一商品的推销人员，现要将商品推销给客户，请从自己手机的电话簿中找出 30 个你认为最有可能成为准客户的姓名。

讨论与交流：

这 30 位准客户你是通过什么样的方式把他们筛选出来的？

任务一 寻找目标客户

【情景重现】

寻找文化庙会的潜在客户

王一是一所大学的二年级学生，刚刚接受了一份所在城市的春节文化庙会组委会组织的票务促销工作。负责人在销售会议上讲述了有关需要关注的一些事情。

负责人："这是我们这座城市举行的第一届春节文化庙会，组委会对此非常重视。大家有什么问题，请直接提问。各位的第一项任务是推销春节文化庙会的门票，每张门票的价格是成人 20 元，老人和儿童 10 元……"

王一："文化庙会主要有哪些活动内容呢？"

负责人："有文艺节目、民间花会、民俗表演、春节书市、酒文化展示、名优小吃等。在文艺节目中，有各地传统优秀剧目，侧重于名剧名角。经特批，在游艺活动区的军区靶场有一个鞭炮燃放区，允许游人燃放各种花炮。此外，还有一个儿童动画城……"

王一："那我怎样去寻找文化庙会的潜在顾客呢？"

负责人："寻找客户的途径、方法完全由你自己决定。组委会每周会给每人 50 元的通信及交通补贴。"

讨论与交流：

1. 如果你是王一，应该瞄准哪一个市场范围或者目标市场？
2. 如果你是王一，你应该怎么样去寻找潜在顾客？

所谓寻找客户是指推销人员主动找出潜在客户即准客户的过程。准客户也被称为目标客户，是指对推销人员的产品或服务确实存在需求，并具有购买能力的个人或组织。

寻找客户是推销程序的第一个步骤。由于推销是向特定的客户推销，推销人员必须先确定自己的潜在客户，然后再开展实际推销工作。寻找客户实际上包含了这样两层含义：一是根据推销产品的特点，提出有可能成为潜在客户的基本条件。这个基本条件框定了推销客户群体范围、类型及推销的重点区域。二是通过各种线索和渠道，来寻找符合这些基本条件的合格客户。

寻找客户是维持和提高销售额的需要，同时寻找客户是推销人员保持应有的客户队伍和销售稳定的重要保证。因此，推销人员需要寻找新的客户，不断地开拓新客户作为补充。在寻找客户之前，我们需要首先清楚寻找客户的原则。

一、寻找客户的原则

在前人经验总结的基础上，我们认识到了寻找客户是有一定的规律可循的。推销人员需遵循并把握这些规律和准则，使寻找客户的工作科学化、高效化。

1．确定推销对象的范围

在寻找客户前，首先要确定客户的范围，使寻找客户的范围相对集中，提高寻找效率，避免盲目性。准客户的范围包括两个方面：一是地理范围，即确定推销品的销售区域；二是交易对象的范围，即确定准客户群体的范围。例如，“背背佳”系列产品的使用者是未满18岁的中小学生，他们的父母和长辈则可以成为我们的准客户群体；医疗器械的推销对象可以是各类医院、诊所等。

2．树立“随处留心皆客户”的强烈意识

作为推销人员，要想在激烈的市场竞争中不断发展壮大自己的客户队伍，提升推销业绩，就要养成一种随时随地搜寻准客户的习惯，牢固树立随时随地寻找客户的强烈意识。

保险销售员小张的业绩非凡，在同行好友聚会时，许多朋友都向小张取经，询问小张初入保险行业为何有那么多大客户。小张说他在业余时间有收集信息的习惯。小张在休闲上网时会查看商会等协会的名单，包括查看企业黄页及报纸、杂志时，他都特别留意这些信息当中公布出来的某些企业的董事长或总经理乃至一些企业高管的名单等信息。在闲暇时间，他会去一些顶级的VIP会所，给自己创造一些认识保险产品的潜在大客户的机会。通过上述的途径，他能收集到很多有效的信息，进而将其发展为自己的客户。

3．多途径寻找客户

对于大多数商品而言，寻找推销对象的途径或渠道不止一条，究竟选择何种途径、采用哪些方法更为合适，还应将推销品的特点、推销对象的范围及产品的推销区域结合起来综合考虑。例如，针对中老年保健产品，推销人员可以选择在中老年比较集中的地方，如公园、中老年休闲娱乐中心等通过举办免费健康咨询、体检等活动来寻找客户；对于师资培训或者其他培训课程类服务产品，则可以通过有针对性的邮寄广告等形式来寻找客户。

4．重视老客户

推销人员必须树立的一个观念是：“老客户是你最好的客户。”推销人员必须遵守的一个准则是：80%的销售业绩来自于20%的客户，这20%的客户是推销人员长期合作的关系户。如果你的产品或者服务能让这些老客户满意，他们会免费为你的产品进行宣传推广，从而带来新的客源，形成连锁反应。重视并充分运用老客户的力量，会为推销工作带来很大的帮助。

二、寻找客户的方法

1．“地毯”式访问法

“地毯”式访问法也称逐户访问法、普遍寻找法、贸然访问法、挨门挨户访问法或走街串巷寻找法，俗称“扫街”，是指推销人员在任务范围内或特定地区、行业内，用上门探访的形式，对预定的可能成为准客户的单位，组织，家庭乃至个人进行寻找并确定准客户的方法。

该方法遵循的是“平均法则”，即认为在被寻访的所有对象中，必定有推销人员所要的客户，而且分布均匀，其客户的数量与访问的对象的数量成正比。推销人员不可能与他拜访的每一位客户达成交易，他应当努力去拜访更多的客户来提高成交的百分比。因此，只要对特定范围内所有对象无一遗漏地寻找查访，就一定可以找到足够数量的客户。

这种方法，通常在完全不熟悉或不太熟悉推销对象的情况下采用。运用此方法的时候应注意两点：首先，为了减少盲目性，推销人员在上门访问前，应根据自己所推销产品的特性与使用范围等，进行必要的可行性研究，确定一个比较适当的行业范围或地区范围；其次，为减少被拒之门外的可能性，推销人员需要多设计几种谈话的方案与策略，尤其是斟酌好第一句话的说法与第一个动作的表现方法。

小周是四川艾普宽带重庆分公司的一位业务员，新到一个陌生的市场，为尽快摸清市场，寻找到准客户，他选择“地毯”式访问法去寻找客户。他敲开门之后，一般会说“老师您好，我是艾普宽带公司的工作人员小周。值此××时候，我们公司为感谢广大客户的支持，特准备了礼品相赠。同时也了解一下您家里宽带的使用情况，希望您能配合我们作一个简单的调查。”彬彬有礼的态度，小礼品的诱惑，这样的开场白令他被拒绝的概率大大减少，经过一段时间辛苦的扫街工作，他基本上清楚了他所在市场客户的宽带使用情况，为他下一阶段的工作打下了很好的基础。

2．连锁介绍法

连锁介绍法又称客户引荐法或无限连锁法，是指推销人员请求现有客户介绍未来可能的准客户的方法。连锁介绍法是一种非常有效的方法，推销成功率较之其他途径要高出很多。

该方法遵循的是“连锁反应”原则，此法成功与否的关键是推销人员能否赢得现有客户的信赖。这种方法要求推销人员设法从自己的每一次推销面谈中，了解到其他更多的新客户的名单，为下一次推销拜访作准备。购买者之间有着相似的购买动机，各个客户之间也有着一定的联系和影响，连锁式介绍法就是据此依靠各位客户之间的社会联系，通过客户之间的连锁介绍，来寻找新客户。介绍内容一般为提供名单及简单情况，介绍方法有口头介绍、写信介绍、电话介绍、名片介绍等。因此，了解和掌握每一个客户的背景情况会随时给推销人员带来新的推销机会。推销人员运用这种方法可以不断地向纵深发展，使自己的客户群越来越大。

话术 3.1

推销人员："阿姨您好，我来了解一下您吃完我们的××保健品后的效果。"

客户："小徐啊，你好。你们的那个产品我最近一直在吃，感觉还是有效果的。"

推销人员："这就对了，您现在才吃完一个疗程就感觉到效果了，等把这三个疗程都吃完了，效果就更明显了。"

客户："嗯，是的，是的。"

推销人员："阿姨您看，您吃了有效果就证明了我们产品是很好的。好的东西可以分享给您的朋友们，他们一定会感激您的。"

客户："会感激我？"

推销人员："啊。您看，您和您的朋友们都希望健康长寿，大家都在寻找有益健康的产品和其他方法。我们这款产品刚好能帮到你们，您吃了有效果，给他们顺便推荐一下，举手之劳而已，他们如果吃了觉得有效果了，还不得感激您啊？这是个好事呢。"

客户："嗯，是的，是的。等我遇到他们了一定帮你宣传。"

3. 中心人物法

中心人物法也叫中心开花法、名人介绍法、中心辐射法，是指推销人员在某一特定推销范围内发展一些有影响力的中心人物或者组织，并在这些中心人物或者组织的协助下把该范围内的组织或个人变成准客户的方法，是连锁介绍法的特殊形式。

该方法遵循的是"光辉效应法则"，即中心人物的购买与消费行为，就可能在他的崇拜者心目中形成示范作用与先导效应，从而引发崇拜者的购买与消费行为。在许多产品的销售领域，影响者或中心人物是客观存在的。特别是对于时尚性产品的销售，只要确定中心人物，使之成为现实的客户，就很有可能引出一批潜在客户。一般来讲，中心人物包括在某些行业里具有一定的影响力的声誉良好的权威人士；具有对行业里的技术和市场深刻认识的专业人士；具有行业里的广泛人脉关系的信息灵通人士等，除此外还有一些影响力的组织和团体，也不能忽略他们的作用力。例如：在春晚上明星们的穿着打扮会迅速成为被模仿的对象，很快流行开来。

话术 3.2

推销人员："这款产品是我们卖得很好的一款，客户使用之后的反应都很好的。"

客户："是吗？"

推销人员："嗯，是的。您知道××吗？他就正在用这一款产品。他要求那么高的人都用着很顺心，这还会错得了吗？"

客户："那好吧，我就先试试。"

4. 委托助手法

委托助手法也称"猎犬法"，就是推销人员雇用他人寻找准客户的一种方法。在西方国家，这种方法被普遍运用。一些推销人员常雇用有关人士来寻找准客户，自己则集中精力从事具体的推销访问工作。这些受雇人员一旦发现准客户，便立即通知推销员，安排推销访问。这些接受雇用的人员被称为推销助手。

委托助手法是依据经济学的最小、最大化原则与市场相关性原理。因为委托一些有关行业与外单位的人充当助手，在特定的销售地区与行业内寻找客户及收集情况，传递信息，然后由推销人员去接见与洽谈，这样花费的费用与时间肯定比推销人员亲自外出收集情况更合算一些。适当地运用委托推销助手来发掘新客户，拓展市场，是一个行之有效的方法。

5．广告开拓法

广告开拓法又称广告拉引法、广告吸引法，是指推销人员利用各种广告媒介寻找准客户的方法。这种方法依据的是广告学的原理，即利用广告的宣传攻势，把有关产品的信息传递给广大的消费者，刺激或诱导消费者的购买动机和行为，然后推销人员再向被广告宣传所吸引的客户进行一系列的推销活动。根据传播方式不同，广告可分为开放式广告和封闭式广告两类。开放式广告又称为被动式广告，如电视广告、电台广告、报纸杂志广告、招贴广告、路牌广告等，当潜在对象接触或注意其传播媒体时，它能被看见或听到。封闭广告又称为主动式广告，它的传播直接传至特定的目标对象，与开放式广告相比，具有一定的主动性，如邮寄广告、电话广告等。一般来讲，对于使用面广泛的产品，如生活消费品等，适宜运用开放式广告寻找潜在客户，而对于使用面窄的产品（如一些特殊设备、仪器）和潜在客户范围比较小的情况，则适宜采用封闭式广告来寻找潜在客户。

万宝路从1924年问世，一直到20世纪50年代，始终默默无闻。莫里斯的广告口号“像五月的天气一样温和”显得过于文雅，而且是对女性身上原有的脂粉气的附和，致使广大男性烟民对其望而却步。这样的一种广告定位虽然突出了自己的品牌个性，也提出了对某一类消费者（这里是女性）特殊的偏爱，但却为其未来的发展设置了障碍，导致它的消费者范围难以扩大。女性对烟的嗜好远不及对服装的热情，而且一旦她们变成贤妻良母，她们并不鼓励自己的女儿抽烟。香烟是一种特殊商品，它必须形成坚固的消费群，重复消费的次数越多，消费群给制造商带来的销售收入就越大。而女性往往由于其爱美之心，担心过度抽烟会使牙变黄，面色受到影响，在抽烟时较男性烟民要节制得多。万宝路的命运在上述原因的作用下，也趋黯淡。

第二次世界大战爆发以后，烟民数量上升，而且随着香烟过滤嘴的出现，可以使有害的尼古丁减少进入身体的量，烟民们可以放心大胆地抽自己喜欢的香烟。菲利普·莫里斯公司也忙着给“万宝路”配上过滤嘴，希望以此获得转机。然而令人失望的是，烟民对万宝路的反应始终很冷淡。

抱着心存不甘的心情，菲利普·莫里斯公司开始考虑重塑形象。公司派专人请利奥—伯内特广告公司为万宝路作广告策划，以期打出万宝路的名气销路。“让我们忘掉那个脂粉香艳的女性香烟，重新创造一个富有男子汉气概的举世闻名的万宝路香烟!”利奥—伯内特广告公司的创始人对一筹莫展的求援者说。一个崭新大胆的改造万宝路香烟形象的计划产生了。产品品质不变，包装采用当时首创的平开式盒盖技术，并将名称的标准字（MARLBORO）尖角化，使之更富有男性的刚强，并以红色作为外盒主要色彩。广告的重大变化是："万宝路的广告不再以女性为主要对象，而是硬铮铮的男子汉"。在广告中强调"万宝路"的男子气概，以吸引所有爱好追求这种气概的顾客。菲利普公司开始用马车夫、潜水员、农夫等具有男子汉气概的角色作为广告男主角。但这个理想中的男子汉最后还是集中到美国牛仔这个形象上：一个目光深沉、皮肤粗糙、浑身散发着粗犷、豪气的英雄男子汉，在广告中袖管高高卷起，露出结实的手臂，手指总是夹着一支冉冉冒烟的万宝路香烟。这种洗尽女人脂粉味的广告于 1954 年问世，它给万宝路带来巨大的财富。仅 1954—1955 年间，万宝路的销售量提高了 3 倍，一跃成为全美第十大香烟品牌，1968 年其市场占有率上升到全美同行第二位。现在，世界上每抽掉 4 支烟，其中就有 1 支是万宝路。

是什么使名不见经传的万宝路变得如此令人青睐了呢？美国金融权威杂志《富比世》专栏作家布洛尼克 1987 年与助手们调查了 1 546 个万宝路爱好者。调查表明：许多被调查者明白无误地说他喜欢这个牌子是因为它的味道好，烟味浓烈，使他们感到身心非常愉快。可是布洛尼克却怀疑真正地使人着迷的不是万宝路与其他香烟之间微乎其微的味道上的差异，而是万宝路的广告给香烟所带来的感觉上的优越感。

6．资料查阅寻找法

资料查阅寻找法又称文案调查法，是指推销人员通过收集、整理、查阅各种现有文献资料，来寻找准客户的方法。这种方法是利用他人所提供的资料或机构内已经存在的可以为其提供线索的一些资料，这些资料可以帮助推销人员较快地了解到大致的市场容量及准客户的分布等情况，然后通过电话拜访、信函拜访等方式进行探查，对有机会发展业务关系的客户开展进一步地调研，将调研资料整理成潜在客户资料卡，就形成了一个庞大的客户资源库。

推销人员经常利用的资料有：统计资料，如国家相关部门的统计调查报告、统计年鉴、行业在报刊或期刊等上面刊登的统计调查资料、行业团体公布的调查统计资料等；名录类资料，如客户名录（现有客户、旧客户、失去的客户）、工商企业目录和产品目录、同学名录、会员名录、协会名录、职员名录、名人录、电话黄页、公司年鉴、企业年鉴等；大众媒体类资料，如电视、广播、报纸、杂志等大众媒体；其他资料，如客户发布的消息、产品介绍、企业内刊等。

7．市场咨询法

市场咨询法是指推销人员利用社会上各种专门的行业组织、市场信息咨询服务等部门所提供的信息来寻找准客户的办法。一些组织，特别是行业组织、技术服务组织、咨询单位等，他们手中往往集中了大量的客户资料和资源以及相关行业和市场信息，通过咨询的方式寻找准客户是一个行之有效的方法。

推销人员可以从以下部门获得市场信息：专业信息咨询公司、工商行政管理部门、各级统计和信息部门、当地行业协会以及其他相关部门，如银行、税务、物价、公安、大专院校、科研单位等。

需要注意的是，有时候咨询获得的信息不一定都是准确的，需要我们自行进行判断和选择。

8. 网络搜寻法

网络搜寻法就是推销人员运用各种现代信息技术与互联网通信平台来搜索准客户的方法。它是信息时代的一种非常重要的寻找客户方法。近些年来，随着互联网技术的不断发展与完善，各种形式的电子商务和网络推销也开始盛行起来，市场交易双方都在利用互联网搜寻客户。互联网的普及使得在网上搜索潜在客户变得十分方便，推销人员借助互联网的强大搜索引擎可以搜寻到大量的准客户。中国知名的互联网企业腾讯开发出的及时聊天工具 QQ，拥有用户数以亿计，网聚了大量的人气，推销人员可以利用其开发潜在客户。

9. 活动寻找法

活动寻找法是指企业利用各种开办的活动寻找准客户的方法。企业可以利用公共的活动来寻找客户，如房交会、糖交会、广交会、高交会、中小企业博览会等。充分利用交易会寻找准客户、与准客户联络感情、沟通了解，是一种很好的获得准客户的方法。参加展览会往往会让推销人员在短时间内接触到大量的潜在客户，而且可以获得相关的关键信息，对于重点意向的客户也可以作重点说明，约好拜访的时间。 同时企业还可以通过自身举办一些活动来寻找客户，如举办新产品推介活动、新年联谊活动等。企业可以通过举办这样的活动来吸引公众参与，从而收集信息，寻找到有效的准客户。

10. 电话寻找法

电话寻找法是指用打电话的方式与潜在客户联系而寻找准客户的方法。电话寻找客户可以是盲打，即在没有任何客户资料的情况下打出电话，这种方式提高成功率的关键在于选择好盲打电话的号段；也可以从一些相关途径得到客户的准确信息之后再打电话，这样的方式相对来说，失败率会小一些。电话寻找最能突破时间与空间的限制，是最经济、有效率的接触客户的工具，在今天是越来越重要的一种方式。但同时需要注意的是，由于电话诈骗的实例层出不穷，人们基于自我保护，对陌生电话通常会持有警惕和怀疑态度。所以，在拨通电话之前准备好话术是非常重要的。

任务二　审查客户资格

【情景重现】

他发现了什么

一位房地产推销人员去访问一位客户，客户对他说：“我先生忙于事业无暇顾及家务，让我做主用几十万元购买一套别墅。”推销人员一听非常高兴，便三番五次到她家拜访。

有一次，他们正在谈话，有人敲门要收购废品，这位太太马上搬出一堆空酒瓶与收购者讨价还价，推销人员留心一看，这些酒多是一些低档酒，很少有超过10元钱的，推销人员立即起身告辞，从此便不再登门。

讨论与交流：

1. 为什么推销员从此不再登门？他是基于什么因素分析来做的决定？
2. 对一个客户的资格进行审查，应该有哪些方面？

在产品推销实践中并非每一位客户都可能成为推销人员的目标客户。推销人员需要对客户进行审查（调查、分析、了解），看其是否具备成为目标客户的一定资格或条件，以判别是否将其列入目标客户的名单，建立客户资料卡，作为产品的推销对象，以便高效地对有较大可能性成为买主的客户实施拜访。因此，推销人员要想避免做无用功，而事半功倍地开展推销工作，在开始推销约见和洽谈前，必须对客户进行资格审查，开展客户评审。

所谓的客户评审，就是指推销人员对可能成为客户的某个具体对象进行详尽的考查和分析，以确定该具体对象成为准客户的可能性大小。一般而言，只有那些对产品有真实需求，有货币支付能力和有购买决策权的客户，才能成为现实意义上的客户，才是合格的客户。对客户资格的审查主要应围绕以下几个方面展开：

（1）潜在客户是否对你的产品有需求愿望？

（2）潜在客户是否有购买能力？

（3）潜在客户是否有购买决定权？

这被现代推销学称为推销的“MAN”法则：由金钱（Money）、权力（Authority）和需要（Need）构成，只要缺少任何其中之一就不是合格的客户，也就不可能成为推销人员的客户。同时，除“MAN”法则外，在某些条件下，我们还必须审查客户的其他条件。例如，客户是否容易接近？客户的信用情况怎么样？客户是否满足产品消费需要具备的特征等。客户审查时需要判断的条件必须根据推销实际工作来确定。

一、客户需求审查

客户需求审查就是要对客户进行调查、分析、了解与发现，看其对推销产品是否具有真实需求，从而确定具体推销对象的过程。

由于需求往往是极富弹性的，所以，客户需求审查的内容主要围绕是否需要、何时需要、需要多少等进行。只有这些内容明确了，才不至于造成“强行推销”或“坐失良机”的两极分化。

1. 审查购买需求的主要内容

（1）对现实需求和潜在需求的审查。现实需求是指已经发现的没有被满足的需求，这时客户已经对推销产品有所认识，同时认为通过购买行为可以满足某种需要。推销人员如果发现在寻找到的客户名单中，有的虽然没有现实需求，但是存在着未来的需求，这就是推销产品的潜在客户。

保罗是一家人寿保险公司的推销员。当保罗按照电话中约定的时间与某公司的总经理史密特先生见面时，史密特只是淡淡地看了保罗一眼："我想你今天还是为了那份团体保险而来的，对吗？"保罗直接作出了肯定的回答。

"对不起，打开天窗说亮话，公司不准备买这份保险了。"

"先生，您是否可以告诉我到底为什么不买了呢？"

"因为公司现在赚不到钱，要是买了那份保险，公司一年要花掉 1 万美元，这怎么受得了呢？"

"除了这个原因，还有什么其他让您觉得不适合购买的原因呢？可否把您心里的想法都告诉我呢？"

"当然，是还有一些其他的原因……"

"我们是老朋友了，您能告诉我到底是什么原因吗？"

"你知道，我有两个儿子，他们都在工厂里做事。两个小家伙穿着工作服跟工人一起工作，每天从早上 8 点忙到下午 5 点，干得不亦乐乎。要是购买了你们的那种团体保险，如果不幸身故，岂不是把我在公司里的股份都丢掉了？那我还留什么给我儿子？工厂换了老板，两个小家伙不是要失业了吗？"

真正的原因总算被挖出来了，开始时的所有理由只不过是借口，真正的原因是受益人之间的问题，可见这笔生意还没有泡汤。保罗告诉史密特，因为他儿子的关系，他现在更应该做好保险计划，让儿子将来更好地生活。他俩一起把原来的保险计划做了修改，使他的两个儿子变成最大的受益人。这样一来，无论父亲还是儿子，哪一方发生意外都可以享受到全部的好处。形势发生了逆转，史密特接受了保罗的建议，当场签下了 1 万美元的保险契约。

正如保罗所做的那样，深入了解客户的消费需求，是为了找到客户真正的需求点，以此为突破口，才有可能成功地说服客户购买自己的产品。由于客户年龄、性别、职业、文化程度以及消费知识和经验的差异，他们在购买商品时，有不同的购买动机和消费需求，因此，他们所要求得到的服务也不同。面对每一位客户，推销人员都要细心观察，热情、细致地提供他们所需要的服务。这种周到、细微的针对性服务是建立在深入了解客户需求的基础上的。

深入了解客户的需求，可以先从与客户做朋友入手，"赢得生意的最佳途径是先赢得人"，这是很多人都明白的道理，因为只有与客户建立了良好的关系，才能更深入地了解他们的需求。一个成熟而有经验的销售人员会通过有策略的交谈，巧妙突破客户的防线，从而发掘出客户的潜在需求。

（2）审查需求特点和预测购买数量。在审查时需要考虑客户需要什么、品牌偏好、预期购买价格水平、大概购买的数量、购买产品的用途，以及购买的数量等。这些问题决定了准客户对产品的选择标准，并为推销员提供了推销说服的基点。

（3）特定需求审查。在客户需求审查中，如果发现具有特殊需要的准客户，应该继续进行审查，确切了解特定客户的需求特点及其需求的意义，以便在以后的推销活动中给予满足。

（4）了解客户对推销品品牌的态度。客户可能需要这种产品，但是表现出不同的态度。有的客户会说，“我压根就没有想过购买这种品牌的产品”；有的客户也许会说，“我从来没有听说过这种牌子”；还有的会说，“我就想买这种品牌的产品”。只有了解潜在客户对品牌的态度，才能明确访问中采用的推销策略。

2. 审查方法

客户需求审查，要运用全面、联系、发展的观点对其进行动态的、综合的分析，既要审查客户的现实需求，估计现实的需求量，又要考虑客户购买的动态性以及客户向其他客户推荐购买的可能性。只有这样，才能对客户的需求作出一个全面、正确的评价。

二、客户购买能力审查

客户购买能力就是客户购买产品时的支付能力。目标客户中的许多人可能对产品都会有需求，但是只有具备一定支付能力的人才有可能最终成为你的客户。

客户支付能力可以划分为现有支付能力和潜在支付能力两种。推销人员审查客户支付能力时，首先，要着眼于具备现有支付能力的客户。具有购买需求并具备现有支付能力的客户才是最理想的目标客户。对这一类客户，推销人员需要加快促成交易。其次，要关注具备潜在支付能力的客户，他们今后可能为产品推销，开拓更为广阔的市场前景。对这一类客户，推销人员需要主动协助客户解决现有支付能力方面的问题。例如，建议客户向银行贷款或者分期付款等其他付款方式，以促成最终交易。

一位房地产经纪人接待了一位近四十岁的客户，这位客户家里的房子刚刚被开发商占用了，获得了一笔补偿款，想在城里买一套房子，初步意向希望买一套面积在 100 平方米以上位于市中心的房子。这位房地产经纪人经过交谈了解，这位客户之前在农村修了两层的小楼房，家里三代同堂，父母是本分的农民，现已经失去劳动力，有一个儿子正在上初中，其本人和妻子在同一家摩配厂上班，他在车间做技术，妻子在管理仓库。在得知这样的情况之后，该房地产经纪人迅速地作出一个决定，放弃向这位客户推荐他希望的位于市中心的房子，改为推荐一些位于城郊的面积较大的房子。几经接触之后，终于成功售出一套。

1. 审查个人或家庭购买者的购买能力

审查个人或家庭购买者的购买能力主要是从影响个人或家庭购买力的各种因素，如实际收入、购买支出、消费储蓄与信贷等几个方面进行审查。

2. 审查组织购买者的支付能力

推销人员对组织购买者的购买力的审查涉及组织购买者的生产状况、经营状况、资金状况、财务状况、信用状况等方面。从可操作性上讲，推销人员对客户支付能力的审查主要是通过了解客户此项购买的资金来源及到位情况从而对客户的支付能力状况作出判断。不同的客户单位其资金来源渠道是不同的，不同的渠道的资金来源，其支付保障性也有差异，而资金的到位情况则决定了客户是具有现实的支付能力还是潜在的支付能力，只有已到位的资金才形成现实支付能力，对潜在支付能力是否能按期转化为现实支付能力则要分不同情况予以对待。尤其对具有潜在支付能力的组织购买者，要审查其经营状况、销售状况、财务状况、信用状况等，虽然可以采取赊销、分期付款、延期付款等方式促成交易，但要防止其商业诈骗活动，防止坏账、呆账出现，应当学会如何运用担保、抵押等手段将风险降到最低。

在客户购买能力审查时，容易忽视的问题有：忽视对老客户的审查；对有“来头”的客户不审查；忽视对熟人的审查；对大公司不审查；盲目乐观，认为“跑了和尚，跑不了庙”而忽视审查；忽视程序等。这些问题的忽视有可能为企业带来沉重的代价。

三、客户购买决策权审查

有的客户既有购买需求也有支付能力，最终却无法达成产品交易，原因是其没有购买决策权。由于购买者主要有个体购买者与组织购买者，所以购买人资格审查的主要内容，就是审查以家庭为主的购买者和以法人资格进行购买的组织与企业购买者。

1．家庭及个人的购买人资格审查

对家庭及个人购买者资格的审查，主要搞清楚以下两个问题：

（1）家庭购买决策类型。家庭购买决策的常见类型有：丈夫支配型、妻子支配型和共同支配型以及各自做主型。购买汽车等耐用消费品，一般是丈夫做主；购买家庭日常用品，一般是妻子做主；购买房子等保值产品时，则一般是共同做主。

（2）购买角色。家庭的购买角色有五个：发起者、影响者、决策者、购买者和使用者。例如，小学孩子的文具，一般由孩子发起购买意愿，并且孩子的购买意向对购买起着很大的影响作用，但最终是否购买的决策权还是掌控在父母手里。

2．组织购买的决策者资格审查

在当前的市场上，组织型客户的购买多以集体决策的形式进行，推销人员往往要接近和说服客户决策集体中涉及不同职能部门、不同职位的若干对象。这些对象由于在整个采购活动中的角色和分工不同，自然形成了一定的决策程度和决策权力结构。

（1）决策程序。它是指客户采购活动在不同职能部门及相应人员之间的作业流程。例如，在客户单位中往往由常设的供应部负责收集供应信息，接待推销员；由产品使用单位和使用者提出对产品的使用要求；由总工程师负责拟定产品的技术和选型标准；由行政领导负责最终的购买决策。这就构成了该客户的采购活动的作业流程。

准确把握客户采购的决策程序，能帮助推销人员在推销活动的不同阶段找准接近和说服的对象，并明了这些不同的对象在整个决策程序中能起到的作用，避免对某个特定对象的过分期望或忽视。例如，对提出使用要求的使用者，我们不可能寄望于使自己的产品获得选型认可，但能通过他充分了解客户的需要性；对作为技术负责人的总工程师，我们可争取到选型认可，但往往不能因此就得到订单。

推销人员可根据本产品在销售中的一般规律结合对客户的采购常设机构有关人员及其他类似性质产品推销员的询问来了解客户的决策程序。

（2）决策权力结构。它是指客户内部决策流程中有关人员之间的决策权力制约关系。这通常是一个极其复杂而又微妙的问题，往往在无形中就决定了推销的成败。推销人员必须极其慎重而准确地作出判断。

决策权力结构是一个与决策程序密切相关的问题。一般而言，客户决策程序中各决策环节上的职能部门主要行政负责人或项目负责人就是相应的决策权力人，他们分段决策、各负其责。但实际情况往往要复杂并微妙得多。

对客户决策权力结构的审查不能仅以年龄长幼、职务高低、部门职责等表象来作主观判断，以免成为特殊的客户决策权力结构的牺牲品。

王小姐是一位出版社的教材推销人员，她负责重庆市场的销售工作。这几年出版社的竞争日益激烈，不能坐等客户上门，于是她决定去各个高校联系教材销售。她第一站是重庆市内某民办职业学院，她事先在网站上搜索到了这所学院的招生规模，院系设置以及工商管理系的主要领导人等信息，在准备好相应资料之后王小姐就上门了。王小姐很顺利地见到了工商管理系的教学秘书廖老师，在向廖老师表明身份并表示要见系主任之后，廖老师告诉她系主任正在开会，要晚点才能回来。于是王小姐便开始耐心地等待，在等待闲聊的过程中，廖老师告诉王小姐他们系部用的教材都是每门课程的任课老师自行确定的，除非选定的教材确有明显的瑕疵不能使用外，系主任及系部领导不干预任课教师教材选定情况。王小姐听到之后懊恼不已，等了那么长的时间，只等来一个自己等错人的信息。

四、客户其他条件审查

1. 判断客户容易接近程度

客户即使在满足前面所有条件的基础上，但不能接触到，也就不能开展后期的推销工作，那么这样的客户也不能成为有效客户。

李老板年前购买了一套别墅，最近收房了正在准备装修。灯饰推销员小张听到这个消息着实兴奋了一阵，如果能把李老板这个客户拿下，那么他今年一年的业绩就不愁了。但小张的兴奋劲没有维持多久，就消逝了。他发现李老板白天上班不见与公司业务无关的人，下班之后陪家人或者是客户更是没有时间见陌生人。小张想尽办法都不能接触到对方，只能眼睁睁看着这个客户流失掉。

2. 审查客户信用度

审查客户信用度即审查客户单位及其主要决策人和合同执行人的可信任程度。在推销活动过程中，推销人员与客户之间会彼此作出一系列的承诺，这些承诺是否得到兑现，在很大程度上取决于客户的信用度。信用度越低的客户，交易风险越大。为尽量避免交易风险，推销人员要尽可能对客户信用度作出自己独立而准确的判断，并通过谈判而实现自我保护。

【项目小结】

1. 寻找客户是推销活动的起点，寻找客户的方法主要有："地毯"式搜寻法、连锁介绍法、中心人物法、委托助手法、广告开拓法、资料查阅寻找法、市场咨询寻找法、活动开发法、网络搜寻法、电话寻找法等。

2. 客户资格审查是寻找客户工作的继续，审查客户资格条件的"MAN"法则为：购买意愿、购买能力、购买决策权。除此以外，还要审查客户其他条件，如是否能够接近、信用度等。

项目综合训练

1. 山田先生是日本一家肉店的老板，一次出席朋友举办的一个宴会，当服务员来问喝什么酒时，素不相识的同座中，有位提议"喝啤酒"，结果大家都没意见，一致同意喝啤酒。这一偶然事件使山田先生受到启发，于是他开始在客户中物色中心人物，有意拉拢那些交际广、知识丰富又爱讲话的人，给他们以各种优惠和周到的服务，使他们对肉店产生好感。很快，这些人就成了山田肉店的义务宣传员，逢人就讲山田肉店的肉新鲜，斤两足，价钱公道，态度好，于是带动了一大批客户到店里来买肉，山田先生用这种方法使周围的一大批居民成了自己的客户。

问题讨论：

（1）你认为哪些人是中心人物？

（2）假如你是肉店的老板还可以利用哪些方法寻找潜在客户？

2. 20 世纪 90 年代中期，香港有位销售员胡先生，他向一位姓陈的客户推销产品。谈了 15 分钟后，这位客户订购了热水器一台、新式煤气灶一个、微波炉一台，价值数千元，并约定第二天早上 8 点半到陈家安装（胡已经知道陈刚买来了一幢新洋楼，地理位置较偏，风景秀丽）。

可是第二天上午陈先生却来电话说不要了。

胡先生并没有作罢，也没有埋怨，只是询问道："为什么呢？您昨天不是高高兴兴地……"

"我太太说免了，因为烧热水就可以了，旧有的煤气灶还可以用。"

"那么，微波炉呢？"

"我太太说，家里有电炉，也有火锅，何必再花那么多钱，"并接着说，"我太太说，拿这些钱给我买一辆摩托车。"

问题讨论：

（1）假如你是这位销售员胡先生，应该怎样看待顾客的反悔？

（2）遇到客户反悔，应该怎么处理？

3. 假定你是某人寿保险公司的推销员，现收集到了八位潜在客户的资料，见表 3-1。其中资料一、二是以支付每月 500 元劳务费的方式由当地老同志联谊会的会长提供的；资料三、四是前期刚投保的中学班主任提供的；资料五是推销员自己在公司组织的一次保险业务宣传活动现场获得的；资料六是推销员在一次周末舞会上获得的；资料七是自己在网上发布欲购买二手汽车信息后的一位网友；资料八是一次上门推销过程中收集的资料。

表 3-1　某人寿保险公司推销人员收集的客户资料表

资料一	
年龄：62 岁	性别：女
婚姻：孀妇	年收入：退休金、稳定
抚养亲属：无	住宅：公寓
学历：博士	健康：佳
职业：大学退休教师	
资料二：	
年龄：48 岁	职业：大病退
婚姻：已婚	年收入：1.5 万元
抚养亲属：两个读大学的孩子	住宅：公房
学历：大学毕业	健康：劣
资料三：	
年龄：21 岁	职业：课余兼职
性别：男	年收入：0.5 万元
婚姻：单身	住宅：与父母同住
学历：在校大学生	
资料四：	
年龄：40 岁	职业：农民
性别：男	年收入：1 万元
婚姻：已婚	住宅：与父母同住
抚养亲属：农村居住的父母，读中学的儿子	健康：两年前有心脏病，但已康复
学历：初中	
资料五：	
年龄：45 岁	职业：某财团财务公司总经理
性别：女	年收入：7.5 万元
婚姻：离婚	住宅：公寓
抚养亲属：无	健康：佳
学历：大学毕业	
资料六：	
年龄：31 岁	职业：化工厂职员
性别：男	年收入：1 万元
婚姻：已婚	住宅：公房
抚养亲属：两岁的儿子	健康：佳
学历：大学毕业	

（续）

资料七：	
年龄：28 岁	职业：汽车销售员
性别：男	年收入：2 万元
婚姻：已婚	住宅：公房
抚养亲属：太太（已怀孕）	健康：佳
学历：高中毕业	
资料八：	
年龄：32 岁	职业：百货站采购员
性别：男	年收入：3 万元
婚姻：已婚	住宅：公房
抚养亲属：两个读小学的双胞胎女儿	健康：佳
学历：专科毕业	

问题讨论：

（1）该推销员采用了哪些方法寻找客户？你认为这些方法有何利弊？

（2）分析背景材料中的潜在客户有无购买需要、购买能力和购买决策权？为什么？

（3）经过分析，你认为其中哪两位是最有可能成为目标客户？哪一位应该从客户名单中划去？理由是什么？

（4）除了最有可能成为目标客户的两位顾客外，下一次你认为应该考虑谁？

实 训 项 目

1．课内模拟演练

你就职的重庆某公司生产火锅底料，由于企业发展需要，该公司决定将其生产的火锅底料打入河南市场。由于你曾在河南省省会郑州市读大学四年，熟悉郑州的基本情况并有一定的人脉基础，所以公司决定委派你去开拓河南市场。请以小组为单位讨论，要将火锅底料打入河南市场，该如何寻找客户？如何审查客户的资格？讨论完后每个小组请一位代表具体阐述该小组寻找客户及审查客户资格的具体方案。

2．课外实战训练

因地制宜开展一次寻找客户和对客户资格进行审查的活动。活动结束后进行总结：运用了哪些寻找客户的方法？效果如何？如何对客户资格进行审查？审查结果合理吗？

（1）以六人小组为单位开展活动。

（2）联系某卖场开展某种促销活动，获取商家的销售指导和支持。

（3）实训时间集中在双休日，要求在一周内完成。

（4）活动结束后，以小组为单位递交总结报告。

项目四
接近客户

➲ 能力目标

1. 能够根据产品和客户的特点制订出完整有效的客户拜访计划
2. 能够灵活运用约见客户的方法，确定约见时间和地点
3. 能够运用各种技巧成功接近客户，为下一步实施推销行为创造条件

➲ 知识目标

1. 知晓客户拜访计划的基本内容
2. 掌握约见客户的主要内容和方法
3. 熟练掌握接近客户的各种技巧

➲ 训练重点

1. 制订客户拜访计划训练
2. 约见客户方法、技巧训练
3. 接近客户方法、技巧训练

【情景模拟】

如何约见经理

同学们分成两人一组，一位扮演推销人员，另一位扮演某大型企业的经理秘书。推销人员现在要想尽各种办法来取得跟经理见面的机会，而秘书则想方设法地阻止推销人员。

讨论与交流：

对于秘书的阻止，我们应该用什么样的方法去应对？

任务一　制订推销计划

【情景重现】

一次失败的拜访

一位推销人员匆匆走进一家公司，找到经理室敲门后进屋。

推销员："您好，李先生！我叫李明，是佳美公司的推销员。"

曲经理："我姓曲，不姓李。"

推销员："哦，对不起，我没有听清楚您的秘书说您是姓曲还是姓李。我想向您介绍一下我们公司的彩色复印机……"

曲经理："我们现在还用不着彩色复印机，即使买了，可能一年也用不了几次。"

推销员："不过，我们还有别的型号的复印机，这是产品介绍资料（将印刷品放到桌子上，然后掏出烟与打火机）您来一支？"

曲经理："我不吸烟，我讨厌烟味，而且这个办公室不能吸烟。"

讨论与交流：

1. 这位推销员的拜访是否成功，为什么？
2. 推销计划该如何制订？

寻找合适的方法接近客户是推销迈向成功的第一步，也是最关键的一步。经过严格的客户资格审查之后，该客户就可以被列入合格的准客户名单。有了一份合格的准客户名单，推销人员就可以开始进行推销接近工作了。所谓推销接近，是指推销人员正式与准客户所进行的面对面接触，从而达成初步意向并将推销引入到下一阶段（推销洽谈）的活动过程。在确定了准客户之后，推销人员便要接近准客户，进行推销访问。

为了更好地完成接近准客户的目的，我们需要在接近准客户前进行一系列的准备活动，即接近准备。推销接近的准备工作是收集第一手资料的活动，要想获得推销接近的成功就必须做到先全面了解自己的准客户，俗话讲，"磨刀不误砍柴工"。在接近每一个准客户之前，推销人员都要尽可能地抽出时间做好相关准备，准备得越充分，访问的效率就会越高，效果就会越好；同时在准备的基础上，完善个人推销计划。

推销计划制订得合理与否，关系到企业推销业务的活动进程和实际效果。因此，作为推销人员，应该懂得如何制订推销计划。

一、推销计划制订的原则

计划成功与否，不仅仅取决于科学地确定推销计划的内容，更重要的是计划制订时遵循的原则。一般来讲，推销计划的制订应遵循以下原则：

1．具体化原则

推销人员在前一天晚上就应该把第二天要做的事逐项详细地作出计划。这样推销时可以做到心中有数，印象深刻，而且还便于在赴约之前迅速地复习一遍各项要点。

2．务实性原则

推销人员制订计划，应以团队计划为中心，而后根据个人的实际情况拟定，计划的目标不要定得太高或太低。计划太高了，没达成将会打击推销人员的信心和自尊心；太低了，推销人员便不能感受到自我价值的体现。若计划不明确，将会失去提升的指标。一位成功的推销大师说得好："没有计划，就意味着没有胜利。计划一定要适情而定，才能有效地提升销售业绩。"可见，唯有务实的计划，才能引导推销人员明确地实践。

3．动态性原则

由于推销环境的不断变化，推销人员应经常对推销计划进行改进，根据形势的发展调整自己的行动方案，使推销计划始终与推销环境相适应。

4．顺序性原则

突出重点，重要的事项和急待处理的事项要优先列入计划；此外，还要考虑到类似的事情可以放在一起，以便提高工作的效率。

二、推销计划的内容

1．推销目标

推销洽谈是个复杂的过程，这一过程的最终目标是推销成功，达成交易。但这一目标的实现往往是经过若干次推销访问才完成的。而每一次推销访问也都应有明确的目标，每一次访问的目标应是递进的，逐步接近推销成功的。因此，推销人员必须了解客户购买决策的过程，清楚客户在不同购买阶段需要解决的主要问题，确定每一次访问应采取的对策和行动方案。

2．拜访客户的路线

推销人员可将拜访的客户进行适当的分类，如重点拜访的客户和一般拜访的客户，拜访某一地区的客户和拜访某一行业的客户。还可按客户对产品的反应态度将客户分为：反应热烈的客户、反应温和的客户、无反应的客户和反应冷淡的客户。在此基础上，推销人员可根据短期推销目标，采取重点拜访的方式，专门与反应热烈的客户进行商谈。如果考虑长远的推销目标，则可采用平均拜访的方式，建立和发展与所有潜在客户的关系。考虑到与某个行业或地区保持比较良好的关系，就可以进行有针对性的拜访和推销。然后，结合以上目标，再根据客户的地址和方位设计出最有效的推销行动日程表及客户拜访路线，争取以最少的时间，最高的效率完成推销目标。

3. 推销洽谈要点

确定洽谈要点的过程即是针对洽谈对象的具体情况和推销产品的特殊性，提出在推销洽谈中需要重点介绍说明的，用来刺激客户产生购买欲望的产品特征、交易条件、服务保证等内容。确定推销洽谈要点的作用就是用来说服客户、引导客户、刺激客户完成购买。

如果推销人员能把推销洽谈要点与客户的实际需求和利益结合起来，推销成功的可能性就大大增强。

4. 推销策略和技巧

在推销洽谈过程中，客户可能会提出各种问题，推销人员应事先估计洽谈中客户可能提出哪些问题，应如何应付和解决这些问题。推销人员应从实际出发，巧妙地解决这些问题。这些问题包括：应该用什么样的方法接近客户？怎样在最短的时间内吸引客户的注意？如何激发客户的购买欲望？怎样使客户相信和接受产品？如何促使客户最终作出购买决定？等等。

5. 推销访问日程安排

根据洽谈双方的时间安排，拟定好访谈日程，掌握好谈判进度，也是取得推销成功的必要条件之一。

三、日计划的制订

推销计划可以分为年计划、月计划和日计划。一般来讲，企业管理部门要求业务员汇报年计划或月计划，并对计划的制订提出指导思想和修改意见，而日计划则由推销人员自己制订。日计划是年、月计划制订的基础，它的完成是年、月计划完成的保证，所以日计划的制订至关重要。有效的推销日计划包括拜访客户前和拜访客户后两方面的内容。

1. 拜访客户前应清楚的内容

（1）客户基本情况：客户的姓名和职务；客户的性格、爱好和固有观念；客户家庭情况、成员、工作单位、生日；客户的权限等。

（2）客户购买行为特征：对推销员的态度；推销过程会遇到哪些阻力；客户会有哪些反对意见；客户主要的购买动机是什么；客户的购买政策等。

（3）我能为客户提供的内容：产品；其他服务。

（4）我如何进行推销：如何吸引客户注意力；如何引起客户的购买兴趣；如何刺激客户的购买欲望；如何实现购买行动；客户有哪些特殊之处可能影响（有利于或不利于）我的推销。

（5）我此次拜访所要达到的目的是什么。

2．拜访客户后需要整理的内容

（1）我取得了哪些成绩：包括洽谈结果、我所获得的有益的启示等。

（2）下一步如何行动：包括再次拜访的时间、方式、途径以及再次拜访洽谈内容等。

为使推销计划表达得更清楚、更便于记载，通常推销计划以表格的形式来呈现，见表4-1。

表4-1　推销活动日程表

20××年××月××周

日期	拜访对象	访问时间	拜访目的	拜访路线	拜访结果	下一步行动
××月×日	张三（采购经理）	9:00-10:00（已约）	销售	乘车601路，在海关站下车		
	王五（中间商）	10:30-11:00（面见）	收取货款	601路转205路，在国贸站下车		
×月×日	…	…	…	…		

任务二　约见客户

【情景重现】

成功的约见

美国布得歇尔保险公司曾用这种方法约见客户。推销人员首先给客户寄出各种保险说明书和简单的调查表，并附上一张优待券，写明：“请您把调查表填好，撕下优待券后回寄给我们，我们便会赠送两枚罗马、希腊、中国等世界各国古代硬币（仿制），这是答谢您的协助，并不是要您加入我们的保险。”推销人员总共寄出30 000多封信，收到23 000多封回信，然后推销人员便带着仿古硬币按回信地址上门拜访。据说该公司获得6 000多名客户加入保险，在当时曾引起了轰动。

讨论与交流：

1. 该公司成功的秘诀在哪里？
2. 约见客户的时候，我们还可以采取哪些方式？

在完成必要的接近准备工作之后，推销人员就可以开始接近客户。由于种种原因，有些推销对象难以接近，有些客户谢绝推销访问，甚至干脆拒绝推销来访。因此，为了成功地接近客户，推销人员应尽量事先进行客户约见。客户约见是指推销人员事先征得客户同意接见的推销行动过程。客户约见是现代推销活动和现代推销方式的重要特征之一，是整个推销活动过程的一个重要环节，它既是接近准备工作的延续，又是正式接近客户的开始。成功地约见客户，可以有利于推销人员自然、顺利地接触客户，避免突然拜访的盲目性，推销人员还可以根据约见客户时获得的信息，对客户各个方面的情况有个初步的认识和判断，从而制订科学合理的推销计划，提高推销效率。

一、客户约见的作用

前面已经讲过，要选择恰当的拜访时机，预约很重要。推销人员如果能够做到与客户预约，就能知道客户的时间安排情况，从而选择适合自己销售产品的时机去拜访客户。约见的作用具体表现在以下几个方面：

1．有助于推销人员如约见到被访人

如果不预先约见，推销人员很可能见不到被访人。现在各单位都有严格的门卫和传达制度，如果不提前预约，推销人员很可能在大门口就被拦住，使推销工作“出师不利”。尤其越是重要的人物越难会见。如果是住宅访问，客户的警惕性比较高，如果不做预约，你说是推销员，对方不一定相信，就会造成造访的失败。因此，拜访客户一定要事先预约，才能使访问顺利进行。

2．预约有助于深入洽谈

预约可以使推销人员和客户都能做好充分的准备。对推销人员来说，有助于制订会谈计划。比如，根据已经了解的有关客户的一些情况，推测客户对自己可能采取的态度，可能提出的问题，有针对性地做好充分准备，这将为会谈和推销的成功奠定基础。对客户来说，采用预约的方式事先征得客户的同意，既表示对客户的尊重，又易于取得客户的信任。消除了对陌生人的警戒心理，推销人员访问时心情自然会轻松得多，容易形成融洽的谈话气氛；同时也让他们有时间理一理思绪，考虑想要了解哪些内容。在双方都有准备的情况下，会谈可以很快切入正题，双方距离可以缩短，洽谈就会深入下去。而深入的洽谈可以使推销人员提高销售产品的可能性，这无疑对推销人员的成绩提高有帮助。

3．有助于推销人员提高工作效率

在当今时代，“时间就是生命”、“时间就是金钱”的概念已深入人心，人们的时间观念普遍增强，对每天的分分秒秒都做了安排，如果不预约就去访问，有可能打乱客户的计划。有时出于礼貌，客户勉强同意会谈，但可能说不上三句话就“拜拜”了，或者根本不见。对方不在时，推销人员还有可能扑个空。如果经常这样徒劳往返，推销人员推销工作的效率会大大降低。

二、客户约见的内容

推销人员约见客户的内容要根据推销人员与客户关系的密切程度、推销面谈需要等具体情况来定。比如：对关系比较密切的客户，约见的内容应尽量简短，无需面面俱到，提前打个招呼即可；对来往不多的一般客户，约见的内容应详细一些，准备应充分一些，以期发展良好的合作关系；对从未谋面的新客户，则应制订细致、周到的约见内容，以引起对方对推销活动的注意和兴趣，消除客户的疑虑，赢得客户的信任与配合。

约见的基本内容包括确定约见对象、明确约见目的、安排约见时间和选择约见地点四个方面。

1. 确定约见对象

要进行推销访问，就要先确定具体的访问对象。约见对象指的是对购买行为具有决策权或对购买活动具有重大影响的人。如果推销的是个人用品，约见对象一般容易确定；如果推销的是生产用品，推销人员将面对一个采购中心，那么首选的约见对象是公司的董事长、总经理、厂长等是企业或有关组织的决策者。推销人员若能成功地约见这些决策者，将为以后在该企业或组织里的推销打下良好的基础。但是在实际推销工作中，推销人员发现自己往往无法直接约见访问对象。因此，推销人员在尽力约见购买决策人的同时，也不要忽视那些对购买有影响力的人物，如总经理助理、秘书、办公室主任、部门经理等人。这些人虽然没有最终购买决定权，但他们接近决策层，可以在公司中行使较大的权力，对决策者的决策活动有很大的影响。

2. 明确约见目的

约见的第二项主要内容就是明确约见目的。任何人都不会接受没有理由的约见。特别是在双方从未谋面或不熟悉的情况下，所以推销人员在约见访问对象时，必须告诉对方访问的原因和需要商谈的事项。虽然约见客户的最终目的是为了成功推销商品，但约见目的因客户、推销进展阶段和具体推销任务的不同而不同，常见的约见目的和事由有：

（1）推销产品。推销访问的主要目的是直接向客户推销商品。在约见客户时，推销人员应设法引起客户的注意和兴趣，着重说明所推销产品的用途、性能和特点等。若客户的确需要推销的产品，自然会欢迎推销员的来访、并给予合作。若客户确实不需要，推销人员也最好不要强求。

（2）市场调查。市场调查是推销人员的重要职责之一。以市场调查为事由的约见，由于不需要客户购买商品，往往容易被客户接受，容易赢得客户的信任、合作与支持，这样既有利于搜集市场情报和信息，为进一步推销做好准备，又可避免强行推销，往往还由市场调查转变为正式推销，甚至当面成交。

小刘去一个陌生的市场开发渠道，他拜访中间商的时候这样介绍自己：我是××公司的市场调查人员，来了解一下贵店的鸡精、味精等产品的销售情况。中间商听到这样的介绍之后就开始大倒苦水：××牌子的鸡精价格高了没有什么利润，××牌子的鸡精客户反映太容易化掉了，××牌子的鸡精促销活动做得不多，卖得很不好，诸如此类的。小刘一一做了详细的记录，并不断附和。最后小刘拿出自己企业的宣传资料和产品样品，趁机作销售政策宣讲。

小刘以市场调研为由，不仅顺利约见了客户，还顺便了解了市场，推荐了自己的产品，一举多得。

（3）提供服务。在现代市场竞争中，提供服务与推销产品同等重要。事实上，推销本身就是一种服务。把提供服务作为约见客户的理由，往往比较受客户的欢迎。通过这种方式既可以完成推销任务，又可扩大企业影响，树立企业及其推销人员的良好形象，为今后的推销工作铺桥搭路。

张同学在××高校代理某品牌的保险柜开展租赁业务。他在新生刚到校的时候，以学生会志愿者的身份为新生提供服务，向他们提供各项入住寝室服务。在提供服务的同时，趁机向新来的同学及其家长灌输财产安全意识，推荐保险柜租赁业务。这样下来打动了不少携带贵重物品的同学家长，取得了良好的销售业绩。

（4）签订合同。推销人员与客户经过多次推销洽谈，已达成购买意向，需要商讨一些具体细节，签订合同。以此为目的的约见，一定不要显得过于急切，要尊重客户的时间。因为签订合同不仅意味一次交易的结束，而且意味着下一次交易的良好开端，必须予以高度重视。

（5）收取货款。收取货款是推销过程中的重要环节。没有收回货款的推销是不完整的推销，无法收回货款的推销是失败的推销。收取货款作为访问事由，对方不好推托，但推销人员也应该体谅对方的困难，既要防止出现呆账，又不要过于逼账。

（6）走访用户。对于企业和推销人员来说，要保证基本客户队伍的稳定与发展，不断提高销售业绩，不仅要不断寻找、发现、发展新客户，而且要不断巩固与老客户的关系，以建立自己稳定的销售网。这种方式既可以引起客户的好感、增进与客户的感情，又可以使推销人员赢得了主动，还可以收集到真实的信息、合理化建议，甚至忠告等，为正式推销奠定良好基础。

总之，约见客户有各种目的。推销人员应根据具体情况，创造各种机会约见、接近客户。扩大自身影响，提高企业信誉，树立企业形象，并达到预期的推销目的。

3. 安排约见时间

约见客户的时间安排是否适宜，会影响到约见客户的效率，甚至关系到推销洽谈的成败。约见的时间应主要根据客户的情况确定，尽量避免在客户忙碌的时间前往。如果能够选择客户较为轻松和闲暇的时候约见为最好。至于是上班时间约见好还是休息时间约见好，不能概而论之，需要良好的事先沟通与商定，或者是建立在对客户生活规律的了解之上，应因人而异，因情而定。当遇有客户的时间与推销人员的时间发生矛盾时，应尽量考虑和遵照客户的意见。当与客户的约定时间敲定以后，推销人员要立即记录下来，并且要严格按照约定时间准时到达，应坚决避免迟到或约而不到。

4. 选择约见地点

与准客户约定在什么场合见面，这也是每一位推销人员需要经常面对和处理好的。总的来说，要以客户的意见和方便为主。除了工作场所和客户家里以外，在公共场所约见也是可行的，如茶馆、酒吧、咖啡馆等，以安静和便于谈话交流为宜，环境越雅致越好。

选择与确定约见地点应坚持方便客户，有利于约见和推销的原则，这样才可能利于交易的达成。约见地点的选择方式一般有以下几种：

（1）办公室。对于推销生产用品的推销人员来说，最佳的地点一般是访问对象工作单位的办公室。因为在大多数情况下，客户是被动的，而推销人员应该采取主动。在办公室约见方便双方讨论问题，进行反复商议以达成共识。

（2）居住地点。对于推销生活消费品的推销人员来说，则通常以客户居住地为约见地点，既方便客户，又显得亲切、自然。

（3）社交场合和公共场所。社交场合和公共场所，如咖啡馆、酒会、座谈会、公园、广场等地方气氛轻松愉快，有利于拉近推销员人与客户的距离。

三、约见客户的方法

约见不仅要占用客户的时间，甚至会影响客户的工作与生活。因此，推销人员在约见客户时，不仅要考虑约见对象、约见时间和地点，还必须讲究约见方式和方法。在实践推销活动中，常见的约见方法有以下几种：

1. 当面约见

当面约见是指推销人员与客户面对面约定见面的时间、地点、方式等事宜。这种约见简便易行，也极为常见。推销人员可以利用与客户会面的各种机会进行面约，如在展销会或订货会上、在社交场所、在推销旅途中或在其他见面的场合与客户不期而遇，推销人员都要借机面约。但是这种机会并不常有，这就要求推销人员时时留心，了解重要客户的生活习惯、兴趣爱好，创造机会与客户见面，进而约定正式见面的时间。

当面约见具有以下优点：

（1）有利于发展双方关系，加深双方感情。当面约见，推销人员能及时得到客户的反应，缩短双方的距离，增加亲近感，甚至建立信任与友谊关系。

（2）有助于推销人员进一步做好接近准备，了解客户的有关情况。

（3）面约一般比较可靠。有时约见情况比较复杂，非面约便说不清楚。当面预约，可以消除对方的顾虑。

（4）节约信息传递费用，简便易行，对双方都比较方便。

当然，当面约见也有一定的局限性：一是受地理限制，远距离的客户往往很难面约；二是受时机的限制，有时很难碰巧遇到所要面约的客户；三是效率限制，面约花费的时间与精力较多，面约较少的客户还行，多了就很难在短时期内办到；四是一旦当面约见遭到客户拒绝后，推销人员便处于被动局面，无法挽回败局。

2. 电话约见

电话约见即通过电话来约见客户，这是现代推销活动中常用的约见方法，它的优势在于经济便捷，能在短时间内接触更多的潜在客户，是一种效率极高的约见方式。电话约见，由于客户是不见其人，只闻其声，所以，推销人员的重点应放在“话”上：首先，要精心设计开场白，激起对方足够的好奇心，使他们有继续交谈的愿望；其次，约见事由要充分，用词简明精炼、长话短说；最后，态度要诚恳，口齿清楚、语调亲切。

电话约见的一般步骤包括：问候；介绍自己和公司；感谢客户倾听；道明约见目的；确定约见时间和地点；再一次致谢。在预约客户时，推销人员必须以与客户约定面谈时间和地点为主要目的，这一点是尤其需要注意的。

3. 信函约见

信函约见是推销人员利用书信约见客户的一种方法。信函通常包括个人书信、会议通知、社交柬帖、广告函件等，其中采用个人通信的形式约见客户的效果为最好。当然，书写个人信函一般要在与对方较熟识的情况下采用，否则，莽撞地给对方寄去个人书信，则有可能产生消极的结果。如碰到并不熟悉的客户，寄去柬帖、会议通知、参观券或广告函则是比较理想的方式。如果选择信函作为销售手段，推销人员需要仔细挑选邮寄名单。为了提高信函约见的成功率，推销人员在写约见信函时应注意以下几个问题：

（1）信函形式要亲切、措辞委婉恳切。约见信函要尽可能自己动手书写，而不使用冷冰冰的印刷品，信封上最好不要盖“邮资已付”的标志，要动手贴邮票。措辞委婉恳切的信函往往能博得客户的信任与好感，容易使对方同意见面。

（2）内容要简洁、有重点。书信应尽可能言简意赅，只要把约见的时间、地点、事由写清即可，切不可长篇大论，不着边际。

（3）要引起客户的兴趣及好奇心。约见书信要能引起客户的好奇心，投其所好，以客户的利益为主线劝说或建议其接受约见要求。

（4）不要过于表露希望拜访客户的迫切心。

（5）要电话追踪。在信函发出一段时间后要打电话联系，询问客户的想法与意见，把电话约见与信函约见结合起来使用，可大大提高约见效果。

尊敬的××先生/女士：

您好！得知贵公司的新工厂即将落成，特来函祝贺。同时，我公司希望有机会服务贵公司，成为贵公司的合作伙伴之一。我公司专业从事设计、制造、销售各类办公家具用品，产品销售及服务网络遍及中国 20 多个省市。公司总部位于重庆市北部新区，现有公司员工 600 余人，在生产能力、品质标准等方便均达到了行业标准，在业内有良好的声誉。

为期双方合作，我司杨经理一行人等希望能拜访贵公司李良总经理，作进一步沟通。望能给予安排，盼望回函。

联系人：××电话：023—66666666　传真：023—66666666

此致

商祺

重庆××家具有限公司

20××年×月×日

4. 委托约见

委托约见是指推销人员委托第三者约见客户的一种方法。受托人一般都是与访问对象本人有一定社会关系或社会交往的人，与访问对象关系密切的人或对访问对象有较大影响的人士是最为合适的受托人。受托人可以是推销人员的同学、老师、同事、亲戚、朋友、邻居、上司、同行、接待人员、秘书等，也可以是各种中介机构。

委托约见的优点有：容易达到约见客户的目的，有利于推销人员接近客户；可以通过受托人与目标客户的特殊关系对其施加影响，节省推销时间，提高推销效率；有利于推销人员明确重点，克服约见障碍，提高推销效果。委托约见的局限性主要是：受推销人员社交圈大小等因素的制约；不如自约亲切，客户往往不给予足够的重视；不如自约可靠，如果受托人不太负责任，常常引起误约。

5. 广告约见

广告约见是指推销人员利用各种广告媒体约见客户的方式。现代广告媒体主要有广播、电视、报纸、杂志、路牌、招贴、直接邮寄等。利用广告进行约见可以把约见的目的、对象、内容、要求、时间、地点等准确地告诉广告受众。广告约见比较适用于约见客户较多或约见对象不太具体、明确，或者约见对象姓名、地址不详，在短期内无法找到等情况。

广告约见的优点是：约见对象较多，覆盖面大，可以扩大推销人员的影响，树立企业形象；有利于推销人员请客上门；节省推销时间，提高约见效率等。广告约见的局限性有：约见费用高；针对性较差；不能与推销人员安排具体约见事宜；难以引起目标客户的注意等。

6. 网络约见

网络约见是推销人员利用互联网与客户在网络上进行约见的一种方法。互联网的迅速发展为现代推销提供了快捷的沟通工具，不仅为网上推销提供了便利，而且为网上购物、商谈、联络情感提供了可能，尤其是电子邮箱（E-mail）的普遍使用，加快了网上约见与洽谈的进程。

网络约见的优点是快捷、便利、费用低、范围广。但网络约见要受到推销人员对网络技术和电子邮箱等情况的掌握程度等方面的限制。因此，现代推销人员要掌握有关的网络知识，学会利用现代化的信息手段和推销工具开发客户。

任务三　接 近 客 户

【情景重现】

以狗会友

有一位推销人员，连着四次去拜访一位老板都被拒之门外。后来他左思右想，决定从老板的爱好方面下手，他打听到这位老板喜欢卷毛狗，而且每天傍晚都到小区里遛狗。于是这位推销人员心生一计，他先学习了一些狗的知识，然后借了一条卷毛狗，也在傍晚的时候去小区遛狗，装作一个偶然的机会遇到这位老板。两人就津津有味地谈论起狗来，从狗的品种到如何喂养等，两个人很快成了忘年之友，因为狗的原因成了朋友。后来，这位推销人员就顺理成章地完成了交易，并使该老板成为他的稳定客户。

讨论与交流：

1. 面对难以接近的客户，你认为应该如何制造机会？
2. 请你谈谈还可以利用哪些接近技巧？

接近客户是推销过程中的一个重要环节，它是推销人员为进行推销洽谈与目标客户进行的初步接触。能否成功地接近客户，直接关系到整个推销工作的成败，许多推销活动的成功与失败，往往都决定在最初的几秒钟。由于客户的习惯、爱好、性格等情况各不相同，所以推销人员应依据事前获得的信息或接触瞬间的判断，选择合适的接近方法去接近不同类型的客户。

在与陌生客户接近过程中，推销人员以各种形式表现出的紧张是很普遍的。许多人害怕接近，以种种借口避免接近，这种现象被称为“推销恐惧症”。其实有时候客户的冷漠和拒绝是多方面原因造成的，应该对客户充分理解并坦然接受。在接近过程中，有一种独特的心理现象，即当推销人员接近时，客户会产生一种无形的压力，似乎一旦接受推销人员就承担了购买的义务。正是这种心理压力，使一般客户害怕接近推销人员，冷淡对待或拒绝推销人员的接近。这种心理压力实际上是推销人员接近客户的阻力，推销人员必须尽快减轻客户的心理压力。推销人员只要能够减轻或消除客户的心理压力，就可以减少接近的困难，顺利转入后面的洽谈。

推销人员在正式接近客户时必须掌握一定的接近方法和技巧，最常见的接近方法如下：

一、介绍接近法

介绍接近法是指推销人员通过自我介绍或他人介绍接近推销对象的方法。介绍的形式可以是口头介绍或者书面介绍。

自我介绍法是最常见的一种接近客户的方法，大多数推销人员都采用这种接近技巧。

在一般情况下，推销人员应采用自我介绍法接近客户。除了必要的自我介绍外，推销人员还应主动出示名片、身份证、工作证等以消除客户心中的疑虑。交换名片是现在非常普遍的做法，给对方递上自己的一张名片也同样可以弥补口头介绍的不足，并且便于日后联系。出于礼节，对方回赠名片，由此又获得了客户本人及企业的一些资料和信息，为今后进一步联系创造了机会。但是，由于这种接近方法使用过于普遍，所以难以给人留下深刻印象。最好与其他方法联合使用为宜。

他人介绍法是推销人员利用与客户熟悉的第三者，通过打电话，写信函字条，或当面介绍的方式接近客户。如果有可能的话，推销人员也可以通过第三者介绍来接近客户。在推销人员与所拜访客户不熟悉的情况下，托人介绍是一种行之有效的接近方法，这种方式往往使客户碍于人情面子而不得不接见推销人员。一般来讲，介绍人与客户之间的关系越密切，介绍的作用就越大，推销人员也就越容易达到接近的目的。

话术 4.1

推销人员："××，您好。我叫××，是××公司的代表，这是我的名片请过目。"

客户："哦，你好。你来有什么事情？"

推销人员："是这样的……"

二、产品接近法

产品接近法又称实物接近法，是指是推销人员直接利用推销产品实物或者模型摆在客户面前，以引起客户对其推销的产品的足够的注意与兴趣，进而转入洽谈的接近方法。精心策划的产品接近法能够调动潜在客户的感觉器官，通过产品自身的魅力与特性引起客户的兴趣，达到接近客户的目的。

采用这种方法的关键之处在于：①产品本身必须要有一定的吸引力，能够引起客户的注意和兴趣；②产品必须是易于携带、方便客户参与操作；③产品本身功能效果明显，易于宣传；④宣传的产品与商品实物应该完全一致。如果宣传的产品与商品实物不一致就容易导致客户误会。让真实的产品本身去作介绍，这种做法更符合客户的认识与购买心理，因而接近客户的效果比较好。但是对于大型设备不方便携带和客户操作，不宜于采用此种方法。

家用净水器推销员小夏，在拜访客户的时候总是不忘带上一瓶脏水和pH试纸。在介绍产品的时候，他先用pH试纸测试脏水的pH值。然后将脏水倒进净水器里，打开净水器之后过滤出来的水再盛到一个杯子里，向客户展示净化后的效果，然后再用pH试纸测试pH值，并向客户介绍pH值的变化与水质变化的关系。这样简单操作之后，客户对净水器的性能一试便知。

三、利益接近法

利益接近法是指推销人员以客户所追求的利益为中心，简明扼要地向客户介绍产品能为客户带来的利益，满足客户的需要，达到正式接近客户目的的一种方法。采用这种推销方法接近客户时不是从宣传自身商品的优点入手，而是从能够带给客户什么好处入手，如从经济、实用、功能等方面，站在客户的角度，换位思考。

利益接近法的主要方式是直接陈述或提问，告诉客户购买商品本身的实惠。语言不一定要有惊人之处，但必须引起客户对商品利益的注意和兴趣。

话术 4.2

推销人员："我们的物流公司建有网络跟踪系统，可以随时知晓货品运输情况；我们的物流网络遍布全中国，连偏远的乡村都能迅速到达，这是其他企业不能比拟的。"

客户："嗯，是的。"

推销人员："正因为这样，我们可以承诺最安全和快捷的服务，为您打消一切顾虑。"

四、好奇接近法

好奇接近法是推销人员利用客户的好奇心理而接近客户的方法。好奇之心，人皆有之，好奇心理是人们的一种原始驱动力，这种驱动力促使人类去探索未知的事物。好奇接近法正是利用人类的好奇驱力，引起客户对推销人员或推销品的注意和兴趣，从而接近客户。好奇接近法需要的是推销人员发挥创造性的灵感，制造好奇的问题与事情。

推销人员采用好奇接近法，应该注意的问题是：①引起客户好奇的方式必须与推销活动有关；②必须做到出奇制胜；③引起客户好奇的手段必须合情合理，奇妙而不荒诞。

话术 4.3

推销人员："您知道能让您的资产在一年以后增加30%的方法吗？"

客户："嗯？你开玩笑的吧？"

推销人员："不是跟您开玩笑，但关键是您要有投资的眼光和实力。"

客户："你说来听听吧。"

推销人员："您知道现在市内凡是通了轻轨和地铁的地方，周围的房子都涨价了，涨幅最高的都涨了50%，平均涨幅也有30%。"

客户："那跟我有什么关系呢？"

推销人员："我们现在新开的一个楼盘，刚好位于规划中的轻轨站旁边。这条轻轨建设预计在2015年元旦之前完成通车。但现在这个地方的房地产还没有热起来，房价总体在市内是偏低的，对您来说现在投资基本上没有压力。但只要轻轨建设的工程开动起来，周边的房价就会立即水涨船高。这也就是1年之内即将要发生的事实，您如果现在的投资，很快就能带来丰厚的回报。"

客户："嗯，是个不错的机会。我们考虑一下。"

推销人员："这样的机会并不多，您要赶紧拿定主意哦。"

五、震惊接近法

所谓震惊接近法，是指推销人员设计一个令人吃惊或震撼人心的事物来引起客户的兴趣，进而转入正式洽谈的接近方法。利用震惊接近法的关键在于推销人员要收集大量的事实资料，并且对材料进行分析，提炼出一些具有危害性、严重性的问题，并且刚好自身产品可以采取防范措施或者能杜绝、减小上述危害问题的发生。因此，如何选择问题便是重中之重。

推销人员在使用这种方法时应该特别注意以下几个问题：①推销人员利用有关客观事实、统计分析资料或其他手段来震撼客户，应该与该项推销活动有关；②推销人员无论利用何种手段震惊客户，必须先使自己震惊，确保奏效，以取得一鸣惊人的效果；③推销人员震惊客户，应该适可而止，令人震惊而不引起恐惧；④必须讲究科学，尊重客观事实，切不可为震惊客户而过分夸大事实真相，更不应信口开河。

话术 4.4

推销人员："现在中老年脑出血发病率越来越高，在对今年1—12月急救的1 794例患者进行统计，其中106例为脑出血昏迷患者，发病率占5.9%。我国著名的作家史铁生就是脑出血抢救无效去世的。"

客户："啊？是吗？"

推销人员："嗯，是的。脑出血死亡率很高，就算抢救过来后遗症也非常严重，给自己和家人都带来严重的困扰。所以，预防脑出血对我们中老年朋友来说非常重要，预防胜于治疗啊。"

客户："是的，是的。"

推销人员："我们这款产品就是……"

六、戏剧化接近法

戏剧化接近法又称马戏接近法、表演接近法，是指推销人员利用各种戏剧性的表演技法引起客户注意和兴趣，进而接近客户方法。戏剧化接近法既有科学性又有艺术性，能迎合客户求新求奇的心理，唤起人们的思想感情，需要慎重使用。戏剧化接近法在应用时应注意：①表演一定要有戏剧效果，要能够引起客户的兴趣和注意；②表演应该自然活力，打动客户的心灵；③尽量使客户融入戏剧情节中，使其身临其境；④使用的道具最好与所推销的商品有关，使表演与推销浑然一体。

日本一家铸砂厂的推销员为了重新打进已多年未曾往来的一家铸铁厂，多次前往该厂拜访采购课长。但是采购课长始终避而不见，推销员死缠不放，于是那位采购课长迫不得已给他5分钟的见面时间，希望这位推销员能够知难而退。

这位推销员胸有成竹，走进办公室后，在采购课长面前一声不响地摊开一张报纸，然后从皮包里取出一个砂袋，突然间推销员将里面的铸砂猛地倒在报纸上，顿时屋内砂尘飞扬，几乎令人窒息，呛得课长咳了几声。

采购课长十分恼火地大吼起来："你在干什么？"

这时推销员才不慌不忙地开口说话："这是贵公司目前所采用的铸砂，是上星期我从你们的生产现场向领班取来的样品。"

说着他又在地上另外铺上了一张报纸，然后又从皮包里取出另一袋铸砂倒在报纸上，这次却不见砂尘飞扬，面对静静躺在这张报纸上的这堆铸砂，采购课长十分惊异。

紧接着这位推销员又取出两袋样品，对其性能、硬度和外观都作了详细的对比和介绍，使那位采购课长惊叹不已。就是在这场戏剧性的演示中，推销员将两种铸砂的质量以最直观的方式展现在客户面前，并顺利地赢得了一家大客户。

七、提问接近法

提问接近法又称问答式接近法或讨论接近法，是指推销人员通过直接提问来引起客户注意和兴趣进而转入面谈的方法。提问接近法是推销活动中经常使用的一种很好的方法，可以单独使用，也可以在利用其他接近技术时穿插使用的一种方法，通过这种一问一答的形式，有利于拉近客户与推销人员的距离，消除客户的戒备心理。尤其适合在第一次约见陌生客户的情景中使用。

推销人员所提的问题必须精心构思，刻意措辞。例如，“近来生意好吧？”“最近很忙吧？”等等诸如此类的问题就显得平淡、乏味，无法取得良好的接近效果。问题接近法虽然是比较有效的方法，但其要求也较高。推销人员在提问与讨论中应注意以下几点：

（1）提出的问题应表述明确，尽量具体，做到有的放矢。

（2）提出的问题应突出重点，扣人心弦。在实际生活中，每一个人都有许许多多的问题，推销人员只有抓住最重要的问题，才能真正打动人心。推销人员提出的问题，重点应放在客户感兴趣的主要利益上。如果客户的主要动机在于节省金钱，提问应着眼于经济性；如果客户的主要动机在于求名，提问则宜着眼于品牌价值。因此，推销人员必须设计适当的问题，把客户的注意力集中于他所希望解决的问题上面，缩短成交距离。

（3）所提的问题应全面考虑，迂回出击，不可完全出言不讳，避免出语伤人。

话术 4.5

推销人员：“李总，学习是一种生活方式，学习可以提高个人素质，增强个人的能力，从而可以提升组织工作效率。不学习就不能掌握日益更新的知识和能力，而没有知识和技能武装的员工对企业来说帮助并不大，这个道理您认同吧？”

客户：“嗯，是的。”

推销人员：“如果有机会可以让您和您的员工获得成长，您不会拒绝学习吧？”

客户：“嗯，是的。”

推销人员：“那现在就有一个培训的机会，是由资深的行业专家××主讲的，旨在帮助像您和您的员工这样的人提高个人技术能力和更新这个领域内最新的理论知识，从而为企业带来更大的发展。”

客户：“哦，那给我一份资料，我看看吧。”

八、请教接近法

请教接近法是指推销人员虚心向客户讨教问题，利用这个机会，达到接近客户目的的一种方法。在实际推销工作中，多数客户都有一些自以为是的心态，推销员若能登门求教，自然会受欢迎。推销人员在具体应用请教接近法时应注意：①赞美在先，求教在后；②求教在先，推销在后；③态度诚恳，语言谦虚。

话术 4.6

推销人员：“赵老师，您是女性美容方面的专家，您是怎么让一个个长相平凡的女性转眼间变得美丽非凡，肯定有什么特别的秘诀，能教教我们吗？”

客户：“你过奖了。我不过是化妆比一般人化得好一些，对化妆品的使用比一般人更有心得罢了。”

推销人员：“那您看看我们这款化妆品呢？能不能到达您的使用标准？”

九、馈赠接近法

馈赠接近法是指推销人员以一些小巧精致的礼品，赠送给客户，进而和客户认识并接近，借以达到接近客户目的的一种方法。在某些情况下，推销人员可以用一些小礼品来“收买”客户，以换取他们短时间的注意力。现实生活中，推销人员就经常发放一些特制的广告品，如记事簿、签字笔、打火机、广告伞等。日本人最懂得赠送小礼物的奥妙，大多数公司都会费尽心机地制作一些小赠品，供推销人员初次拜访客户时赠送客户。小赠品的价值不高，却能发挥很大的效力，不管拿到赠品的客户喜欢与否，相信每个人受到别人尊重时，内心的好感必然会油然而生。

推销人员应用馈赠接近法需要注意的是：①慎重选择馈赠物品，推销人员应该设法了解客户的喜好，了解客户对赠送礼品行为的看法；②赠送的小礼物不需要过于昂贵，以免造成对方心理负担，使其敬而远之；③赠送的礼品尽量与所推销的产品有某种联系，尽量与企业的整体形象和谐一致。

十、赞美接近法

赞美接近法是指推销人员利用客户的虚荣心来引起客户的注意和兴趣，进而转入正式洽谈的接近方法。赞美接近法的实质是推销人员利用人们希望赞美自己的心理来达到接近客户的目的。喜欢听好话是人们的共性，用这种方法接近客户，有时会收到意想不到的效果。当人们在心情愉快的时候，很容易接受他人的建议，这时，推销人员应抓住时机，正确地引导推销活动。让人产生优越感最有效的方法是对于他自傲的事情加以赞美。客户的优越感被满足，初次见面的警戒心理也自然消失了，彼此距离拉近，能让双方的好感向前迈进一大步。

推销人员使用赞美接近法应注意以下几点：

（1）选择适当的赞美目标，避免冒犯客户。客户个人的长相、衣着、举止谈吐、风度气质、才华成就、家庭环境、亲戚朋友等，都可以给予赞美，若是客户讲究穿着，推销人员可向他请教如何搭配衣服；若是客户是知名公司的员工，推销人员可表示羡慕他能在这么好的公司上班。如果推销员信口开河，胡吹乱捧，则必将弄巧成拙。

（2）真诚赞美客户，避免虚情假意。推销人员赞美客户，一定要诚心诚意，要把握分寸。事实上，不合实际的赞美，虚情假意的赞美，只会使客户感到难堪，甚至导致客户对推销人员产生不好的印象。

（3）针对不同客户，选择赞美方式。对于不同类型的客户，赞美的方式也应不同。对于严肃型的客户，赞语应自然朴实，点到为止；对于虚荣型客户，则可以尽量发挥赞美的作用。对于年老的客户，应该多用间接、委婉的赞美语言；对于年轻的客户，则可以使用比较直接、热情的赞美语言。

话术 4.7

推销人员："阿姨，您今年有50岁了吧？"

客户："不止不止，我都65岁了。"

推销人员："啊？都65岁了，您开玩笑吧。您气色那么好，身材又保养得体，说您50岁都没人信。阿姨，您是一位活生生的养身专家啊，教教我们这些小辈养身的方法吧。"

客户："哎呀，哪有什么方法，就是注意锻炼身体，饮食上面注意就是了。"

推销人员："阿姨，您说得很对，那您平时都吃些什么呢？有在吃什么保健品吗？"

客户："……"

十一、调查接近法

所谓调查接近法，是指推销人员利用调查机会接近客户的一种接近方法。在许多情况下，无论推销人员事先如何进行准备，总有一些无法弄清的问题。因此，在正式洽谈之前，推销人员必须进行接近调查，以确定客户是否可以真正受益于推销品。此方法可以看成一种销售服务或销售咨询法。采用这一方法比较容易消除客户的戒心，成功率比较高。推销人员可以依据事先设计好的调查问卷，征询客户的意见，调查了解客户的真实需求，再从问卷比较自然、巧妙地转为推销。

在利用调查接近法时，推销人员必须注意三个问题：①突出推销重点，明确调查内容，争取客户的支持和协助；②做好调查准备，消除客户的防备心理，达到接近客户的目的；③运用适当的调查方法，确保调查成功，顺利接近客户。总之，调查接近法作为一种比较可行的接近方法，既是为生产厂家服务，也是为消费者服务；既有利于推销人员收集市场情报，又有利于客户获得最佳的推销服务。

十二、搭讪与聊天接近法

搭讪与聊天接近法就是指利用搭讪与聊天的形式接近陌生客户的方法。推销人员与客户接触时采用搭讪与聊天接近法不会很快进入聊天程序，有时要用很长时间追踪与寻找机会，因此要花费很多精力。所以，推销人员使用该方法时应该注意：①要选准接近客户的时机。只有非常重要的客户，而又没有其他方法或者机会可以接近的情况下，搭讪与聊天才可以是一种接近客户的方法。最好的时间是客户有较充裕的自由掌握的时间时。②要积极主动。对于没有与之搭讪机会的重要客户，推销人员应该在了解客户生活习惯的情况下，主动创造条件和机会与之搭讪。③尽量紧扣主题。

在实际推销工作中，推销人员应灵活运用，既可以单独使用一种方法接近客户，也可以多种方法配合使用，还可以自创独特方法接近客户。

【项目小结】

1. 推销接近是指推销人员正式与准客户所进行的面对面接触，从而达成初步意向并将推销引入到推销洽谈的活动过程。在推销接近之前需要事先拟好推销计划。一份好的推销计划包括推销目标确定、确定拜访客户路线、拟定推销洽谈要点、预先设计推销策略和技巧、规划好推销访问日程安排。

2. 为了成功地接近客户，推销人员应尽量事先进行客户约见。客户约见是指推销人员事先征得客户同意接见的推销行动过程。客户约见内容有确定约见对象、明确约见目的、安排约见时间、选择约见地点；客户约见方法有当面约见、电话约见、信函约见、委托约见、广告约见和网络约见。

3. 接近客户是推销过程中的一个重要环节，它是推销人员为进行推销洽谈与目标客户进行的初步接触。接近的方法有介绍接近法、产品接近法、利益接近法、好奇接近法、震惊接近法、戏剧化接近法、提问接近法、请教接近法、馈赠接近法、赞美接近法、调查接近法、搭讪与聊天接近法。

项目综合训练

1. 场景一

小王："您好，我是平安公司的推销人员小王，我们公司……"

客户："你是怎么进来的？我现在很忙，没有时间，以后再说。"

场景二

老王："您好，是华安公司的刘经理吧？"

客户："是的。您是？"

老王："我是平安公司的理财顾问老王，我们公司最近推出了一款最新的理财投资计划，您方便的时候我想过去拜访您，详细给您介绍一下好吗？"

客户："那好吧。"

老王："您看，我是明天下午去还是后天上午去比较方便？"

客户："那你明天下午 3 点过来吧。"

问题讨论：

（1）以上两个推销人员的区别在哪里？

（2）在约见客户时应该注意哪些问题？

2. 场景一

销售员 A："有人在吗？我是大林公司的销售员陈大勇。在百忙中打扰您，想向您请教有关贵商店目前使用收银机的事情。"

商店老板："哦，我们店里的收银机有什么毛病吗？"

销售员 A："并不是有什么毛病，我是想是否已经到了需要换新的时候了。"

商店老板："没有这回事，我们店里的收银机状况很好，使用起来还像新的一样，我没考虑换新的。"

销售员 A："并不是这样哟！对面李老板已更换了新的收银机呀。"

商店老板："不好意思，让您专程而来，将来再说吧！"

场景二

销售员 B："郑老板在吗？我是大华公司销售员王维正，在百忙中打扰您。我是本地区的销售员，经常经过贵店。贵店一直生意都是那么好，实在不简单。”

商店老板：“您过奖了，生意并不是那么好。”

销售员 B：“贵店对客户的态度非常的亲切，郑老板对贵店员工的教育训练，一定非常用心，我也常常到别家店，但像贵店服务态度这么好的实在是少数；对面的张老板，对您的经营管理也相当钦佩。”

商店老板：“张老板是这样说的吗？张老板经营的店也是非常的好，事实上他一直是我学习的对象。”

销售员 B：“郑老板果然不同凡响，张老板也是以您为学习对象。不瞒您说，张老板昨天换了一台新功能的收银机，非常高兴，才提及郑老板的事情，因此，今天我才来打扰您！”

商店老板：“喔！他换了一台新的收银机呀？”

销售员 B：“是的。郑老板是否也考虑更换新的收银机呢？目前您的收银机虽然也不错，但是如果能够使用一台功能多、速度快的新型收银机，让您的客户不用排队等太久，从而会更喜欢光临您的店。请郑老板一定要考虑这台新的收银机。”

问题讨论：

（1）请认真阅读材料，比较销售员 A 和 B 的做法，他们都采用了什么样的接近方法？起到了什么样的作用？

（2）谈谈你对这两位销售员做法优劣的认识。如果是你，你会怎么做？

实训项目

1. 课内模拟演练

王容刚毕业应聘到一家厨房设备厂做销售工作，她认为厨房设备的市场潜力大，但一时不知到底该向谁去推销。分组讨论一下王容应从什么渠道寻找客户，应如何开展推销工作。

（1）明确厨房设备的推销范围和推销对象，确定准客户。

（2）为王容设计一次推销活动的开场白，包括如何约见客户、如何表明身份等。

（3）通过对准客户的具体分析，确定采取什么样的方法和技巧接近客户，以引起客户的注意和兴趣等。

（4）以小组为单位完成训练，然后在班上进行交流，互相点评。

2. 课外实战训练

以小组为单位在学校附近开展一次真实的推销接近活动。活动结束后进行总结：我是运用什么方法约见客户的？效果如何？我是运用什么方法接近客户的？效果如何？本次接近实践，成功的地方在哪里？有哪些地方需要改进？

（1）以三人小组为单位开展活动。

（2）联系某商家为其开展代理销售，方便处理存货。

（3）实训时间集中在双休日，要求在一周内完成。

（4）活动完成后以小组为单位提交总结报告。

项目五
推销洽谈

➲ 能力目标

1. 能够根据企业的要求，开展推销洽谈项目的策划与组织工作

2. 能够面对不同客户，正确运用洽谈的方法及技巧进行独立的产品推销介绍

➲ 知识目标

1. 了解推销洽谈工作的内容和要求
2. 熟悉推销洽谈工作的一般步骤
3. 掌握各种洽谈策略的运用和技巧

➲ 训练重点

1. 推销洽谈的技巧训练
2. 洽谈策略的技能训练

【情景模拟】

如何沟通

全班同学分成三人一组：一位同学扮演推销人员；另一位扮演购买者；最后一位扮演观察者，评价推销人员的表现。假设购买者将购买一个或多个下列产品：汽车、电视机、MP5、保险、衣服。推销人员要对客户提出问题以确认需要，同时要对客户的身体语言作出恰当反应。观察者应该对推销人员的沟通技巧运用恰当与否进行评价。由每一组的每位同学轮流扮演推销人员。

讨论与交流：

在跟客户进行沟通的时候，我们应该用什么样的方法和技巧去应对？

任务一　走进推销洽谈

【情景重现】

“重要人物”

张杰是某知名保险公司的寿险推销员，多年以来一直想跟重庆巴南区的某一位企业老总做生意。那位老总业务经营范围极大，信誉也出奇的好。但是张杰从一开始就吃足了苦头，那位老总是一个喜欢使别人窘迫的人，以无情、粗鲁、刻薄而著称。他坐在办公桌的后面，嘴里衔着雪茄，每次张杰推开他办公室的门时，他就咆哮着说：“今天什么也不要谈！不要浪费我宝贵的时间！请你出去！”

然而有一天，张杰试了另外一种方式，通过这种方式，就与之建立起了生意上的关系，交上了这个朋友，并得到可观的订单。事情是这样的：

张杰所在的保险公司正在商谈，准备在巴南区龙州湾新开一家分公司。那位老总对那个地方十分熟悉，并且在那里做了很多项目。因此，那一次当张杰去拜访他时，就说：“先生，我今天不是来推销我的保险的。我是来请您帮一个忙，不知道您能不能挤出一点时间和我谈一谈？”

“我们的公司想在龙州湾新开一家分公司，”张杰说，“您对那个地方了解的程度和住在那里的人一样，因此，我来请教您对这事的看法。”

这位老总立刻对他客气起来：“请坐！请坐！”他拉了一把椅子让张杰坐下，接着一谈就是一个多小时。他详细地解说了龙州湾保险市场的特性和优点。他不但赞同那个分公司开设的地点，而且还告诉张杰一个保险公司应如何去开展业务，怎样才能做得更好。另外，他还把家务上的困难也向张杰诉苦。

那天晚上，当张杰离开时，不仅口袋里装了一张大额保单，而且也与那位老总建立了牢固的业务友谊。这位过去常常骂张杰的家伙，现在常和张杰一块儿打高尔夫球。这个改变，就是因为张杰请他帮了一个小忙，而使他有一种自己是“重要人物”的感觉。

讨论与交流：

1. 分析张杰利用另一种推销方式后获得成功的原因。

2. 小组讨论：推销洽谈过程中，如何捕捉客户心理？

著名的成功学大师戴尔·卡耐基曾说过这样一句话：“你是经营者，顾客是你的上帝，你不能欺骗他们，而是应该提高语言艺术，巧妙地劝说他们购买商品，这是你的职责，也是义务。”毫无疑问，推销是通过买卖双方的谈判来实现的，推销人员的谈判技能在一定程度上决定了推销的最终效果。业务谈判贯穿推销的全过程，它绝非谈判双方在谈判桌上的简单对话、交换意见、各持己见或大吵大闹；相反，谈判是一项需要充分准备和精心策划的工作。成功的推销，是通过准确分析和满足顾客的利益需要、心理需要，运用适当的谈判策略和技巧，采取恰当的措施，在融合了竞争和合作的谈判中促成交易。

推销洽谈是整个推销活动的中心环节，也是推销人员成功接近客户之后，与客户展开的实质性销售谈判。洽谈的过程是一个形式多样、内容丰富的艰苦过程，推销人员应运用各种方法、手段和技巧，激发客户的购买欲望，说服客户采取购买行动。

一、推销洽谈的内容

推销洽谈是一项复杂、灵活性极强的工作，也是一门需要综合运用多种学科知识的艺术。所谓洽谈，指的是双方或多方为了改善关系、实现特定的利益需求，通过交换意见、自由协商的方式来消除分歧、达成一致的行为过程。无论是在政治、经济、军事、外交、文化等领域，还是在人们的日常生活中，洽谈工作都是广泛存在的，时刻影响着人们的工作和生活。

推销洽谈的内容是以所推销的商品为中心的，主要包括商品的品质、价格、交易数量、包装、运输、支付方式、保险等条款，其中又以商品的质量、价格和交易数量最为重要，经常成为洽谈各方激烈讨论的焦点。

1．品质

商品的品质是商品的内在素质和外在形态的综合。在买卖交易中，商品的品质是洽谈各方最关注的问题，也是洽谈的重点。

在推销洽谈中，首先必须让交易对象充分了解商品品质的优势，树立交易的信心，这是吸引对方继续谈判的重要原因。为了能让对方更好地了解自己的商品，推销人员可以通过实物演示、规格说明、出示国家认可的品质标准检测报告等方式，尽可能地把商品的性能、特征和优势展现出来。此外，推销人员应迎合洽谈对象当前的需要，着重介绍能满足对方需要的方面，让对方感到有利可图，以维持对方洽谈的积极性。

2．价格

在推销洽谈中，商品价格是中心内容。商品价格的高低直接影响到洽谈双方的最终利益，决定着推销洽谈的成败。

商品的价格主要受到生产成本、质量标准等级、交易数量、供求关系、企业经营策略及洽谈策略等因素的影响。对于推销人员而言，必须认识到合理定价是达成交易的前提，只顾获利而忽略价格的竞争力只会把客户吓跑。因此，在合理获利范围内确定有竞争力的商品价格，是推销人员在进行推销洽谈之前就必须充分考虑、及时解决的问题。

3．交易数量

商品交易数量的多少，不仅关系到卖方的销售计划和买方的采购计划能否完成，而且直接影响到商品价格的高低。一般情况下，推销人员应尽可能让客户购买更多的商品，以获取更高的利润，但也应与客户的实际承受能力挂钩。因此，在适当情况下，推销人员可主动提供更优惠的价格，以吸引客户增加购买数量；同样，也能以增加购买数量为条件来作出适当的价格让步，以妥协的姿态吸引客户，更有利于达成交易。

王强的一次油漆推销过程

王强是专门销售上光用的油漆产品的销售人员，他将要和泰尔公司的采购代表霍玲女士会面。在预定的时间外足足等了20分钟，终于，一位秘书将他带进霍玲的办公室。

王强：“你好，霍玲女士。我是汇通油漆公司的王强，我想和你谈谈我们公司的产品。”（霍玲女士并没有理睬王强的微笑，而只是指了指办公桌前面的一张椅子。）

霍玲：“请坐！我想告诉你我现在手头上有两个月的存货，而且，泰尔公司已经同那些供货商打了近三年的交道。”

王强：（坐下）“谢谢！你知道，汇通油漆公司是全国最大的油漆公司之一，我们的服务和价格都是无可挑剔的。”

霍玲：“你为什么觉得你们的服务优于其他公司呢？”

王强：“因为我们对全国的每个销售点都保证在24小时内发货，如果我们当地的储备不足，我们会空运供货。我们是业界唯一使用空运的公司。另外我们的油漆很牢固。你们通常的订货量是多少？霍玲女士？”

霍玲：“这要看情况而定。”

王强：“大多数公司都订1～2个月的货。你们一年之中共用多少油漆？”

霍玲：“只有看了你们的产品之后，我才想谈订货的问题。”

王强：“我明白，我只是想弄清楚你们的订货量，以便决定给你们的价格和折扣。”

霍玲：“我想，你们的价格和折扣不会比现在的好。我想给你看一份价目单。”

王强：“我相信各个厂家之间油漆价格的竞争会很激烈，这是我们最新的价目单，你可以比较。如果把价格与产品质量和服务保证联系起来，你会发现我们的产品很具吸引力。”

霍玲：“也许吧！”

王强：“许多和你们类似的公司都不止一家供货单位，这可以保证供货的稳定性，我们愿意成为你们的供货商之一。”

霍玲：“我只想有一家供货商，这样我可以得到更多的折扣。”
王强：“你考虑过两家轮流供货吗？这样你可以获得相同的折扣，并且使货源更加充足。”
霍玲：“让我考虑考虑，把你随身带来的文件留下来我看看吧。”

二、推销洽谈的基本原则

推销洽谈最基本的原则是利益与友谊兼顾。也就是说，推销人员既要从本企业和自身的经济利益出发，又不能以损害对方利益为目的。具体地讲，在推销洽谈中应遵循以下原则：

1．针对性原则

推销洽谈应服从推销目的，具有针对性。推销人员可以针对客户的购买动机，客户需要什么，就推销什么；可以针对推销品的特点，设计洽谈方案，突出产品特色，增强产品竞争能力；可以针对客户的个性心理特性，如内向、外向、随和、自傲、慎重、冷淡、热情等，采取不同的洽谈策略。

一个专门推销建筑材料的推销人员，一次听说一位建筑商需要一大批建筑材料，便前去谈生意，可很快被告知有人已捷足先登了。他还不死心，便三番五次请求与建筑商见面。那位建筑商经不住纠缠，终于答应与他见一面，但时间只有五分钟。这位推销人员在见面前就决定使用“趣味相投”的策略，尽管此时还不知建筑商有哪些兴趣和爱好。当他一走进建筑商的办公室，立即被挂在墙上的一副巨大的油画所吸引，他想建筑商一定喜欢绘画艺术，便试探着与建筑商谈起当地的一次画展，果然一拍即合，建筑商兴致勃勃地与他谈论起来，竟谈了一个小时之久。

2．鼓动性原则

推销洽谈既是说服的艺术，也是鼓动的艺术。推销洽谈的成功与否，取决于推销人员能否有效地说服和鼓动客户。推销人员要用自己的信心和热情去鼓舞和感染客户，激发其购买热情；要以自己丰富的产品知识去说服和感染客户，做到有问必答；要用广博的知识和具有感染力及鼓动性的语言，去说服和打动客户。

3．参与性原则

参与性原则是指在推销洽谈中，推销人员要鼓励客户积极参与推销洽谈，促进信息的双向沟通，增强洽谈的说服力。推销人员在推销洽谈时，要关心客户的问题，赞同客户的见解，同情客户的困难，想客户之所想，急客户之所急，忧客户之所忧，才能与客户打成一片，消除推销的阻力。推销人员设法引导客户积极参与洽谈过程，如引导客户发言，请客户提出和回答问题，认真倾听客户的意见，让客户试用产品等，以便调动客户的积极性与主动性，创造有利的洽谈氛围。

4．真实性原则

真实性原则指推销人员在推销洽谈中，要如实向客户传递推销信息，讲真话，出真据，拿真品。

一房地产推销人员正在和客户讨论一所房子的交易问题。他们一起去看房子，房地产推销人员察觉到客户对房子颇感兴趣，就对客户说："现在，当着你的面，我告诉你，这房子有下列几个问题：①取暖设备要彻底检修；②车房需要粉刷；③房子后面的花园要整理。"客户很感激推销人员把问题指出来，他们又继续讨论房子交易的其他一些问题。最后的交易结果是可想而知的。

5. 平等互利原则

平等互利原则是指推销人员与客户要在平等自愿的基础上互惠互利，达成交易。意愿不能成为洽谈的标准，推销人员与客户应互相尊重，不以势压人，不以强凌弱，不把自己的意志强加给对方，公平公正，平等互利，使人信服。

除此之外，还应遵循言而有信、留有余地、少讲多听、保持与对方联系、致力于解决问题、不是一味地抱怨等原则。

任务二　洽谈方法的运用

【情景重现】

"防克菜篮"

某厂长向一个公司经理推销自己生产的专利产品"防克菜篮"——一种可以防止缺斤少两的菜篮，希望由该公司总经销。其他方面都没有问题，但是双方在价格上始终谈不拢。一次、两次、三次，都因价格问题而使洽谈失败。

第四次，该厂长改变了方法，双方刚一见面，对方就说："价格不降，我们不能接受，即使再谈也没有用。"厂长马上回答说："赵经理，今天我不是来同您谈价格的，我是有一个问题要向您请教，您能花一点时间满足我的要求吗？"赵经理愉快地接受了。坐定后，厂长说："听说您是管理者出身，曾经挽救过两个濒临倒闭的企业。您能不能给我们一些点拨？"在对方谦逊之后，厂长接着说："我们的菜篮正如您所说，价格偏高，所以销售第一站在你们这里就受阻了。再这样下去，工厂非倒闭不可。您有经营即将倒闭的企业的经验，您能不能告诉我，如何才能降低这菜篮子的成本，达到您所要求的价格而使我们又略有盈余？"

然后，厂长和赵经理逐项计算，从原材料型号、价格、用量，到生产工艺、劳务开支等，都进行了详细核算，并对生产工艺进行了多方改进，结果价格却只是略微降了一些。当然，对赵经理所付出的劳动，厂长报以真诚的感谢，送上一个礼品表示谢意，同时表示一定会接受赵经理的意见，在工艺上进行改进，以减少生产成本。然后，当厂长再谈到总经销价格时，对方没有任何犹豫就接受了，并说："看来这个价格的确不能再降，你们作了努力，我们试试吧。"

讨论与交流：

1. 请你分析在这个案例中，制造厂家使用了怎样的谈判策略？
2. 如果你是制造厂家的销售代表，你还能使用哪些洽谈方法？

推销洽谈是一门艺术。在推销洽谈过程中，推销人员要针对不同的产品、不同的客户，灵活地采取适宜的推销洽谈方法，激发客户的购买欲望，说服客户，最终促成交易。

一、诱导法的运用

诱导法是指推销人员在推销洽谈时，为了引起客户的兴趣、激发客户的购买欲望，从谈论客户的需求与欲望出发，巧妙地把客户的需求与欲望同推销品紧密结合起来，诱导客户认识到自己对推销品的需求并最终说服其购买的方法。在推销洽谈以前，推销人员必须对客户的需求与欲望作深入的了解，如果不能确定，则可事先通过谈话、提问等方法，挖掘出客户的真实需求与欲望。

二、提示法的运用

提示法是指推销人员用语言形式直接或间接、积极或消极地提示客户购买的一种推销方法。具体体现形式有以下几种：

1. 直接提示法

直接提示法是指推销人员开门见山，直接劝说客户购买推销品。这是一种最常用的推销洽谈方法。它可以直接向客户介绍产品，陈述产品的优点和特征，然后建议客户购买，节省推销洽谈的时间，提高推销效率。

话术 5.1

某试剂推销人员："听说你们在寻找一种反应速度更快的试剂，这是我们公司新近开发的一种产品，它能将反应的速度提高5～10倍，这是实验报告，您可以看看，一定会达到您的要求的。"

推销人员运用直接提示法，应该注意以下几点：

（1）提示要抓住要点，即直接提示推销品的优点和特点，提示客户的主要需求与困难，直接提出解决的途径与方法等。

（2）提示的内容必须真实可靠，提示的语言要易于被客户理解和接受。如果夸大其词，或对所提示的内容使客户不理解、不明白，反而会让客户产生异议，增加洽谈的难度。

（3）提示的内容应尊重客户的个性。在作提示时，推销人员必须了解客户的购买动机、习惯、爱好等心理特征，尊重客户的个性，避免冒犯客户。

2. 间接提示法

间接提示法是指推销人员采用间接的信息传递方式，向客户传达推销品的有关信息，以劝说客户购买推销品的方法。通常客户在接受推销品的过程中会犹豫不决，间接提示可以减轻客户的心理压力，使客户早下决心，早作决定。

话术 5.2

“您可能不知道，××单位一直在使用本公司的产品。”

“这批货已经被预订了，又是发给××公司的。”

推销人员运用间接提示法时，应注意以下几点：

（1）虚构或泛指一个购买者，减轻客户的心理压力，开展间接推销。

（2）使用委婉的语气与语言，间接讲述购买动机与购买需求，尤其是对比较成熟或感情细腻、自尊心强、虚荣心强的客户，效果会更好。

（3）针对洽谈的目的控制洽谈的过程与内容。虽然是间接提示，但推销人员也不能脱离推销主题，漫无边际地举例。

3. 积极提示法

积极提示法是指推销人员用积极的语言或其他积极的方式劝说客户购买推销品。例如，热情的语言、赞美的语言、肯定提示、正面提示或帮助客户等方式，由于能从正面调动客户的积极性，会对客户产生很强的说服力和感染力，增强推销洽谈的效果。

话术 5.3

“这种空调能使用十年，一切都会使你满意，请放心购买。”

推销人员运用积极提示法，应注意以下几点：

（1）使用肯定判断，正面提示客户。积极提示的关键在于成功地运用提示语言。

（2）使用积极语言，避免消极暗示。通过积极的语言提示客户，以产生暗示的积极效应，增强洽谈的感染力。

（3）诚信推销，避免虚假提示。

4. 消极提示法

消极提示法是指推销人员运用消极的、不愉快的甚至反面的语言或其他消极方式劝说客户购买推销品的洽谈方法，又称反面提示法或激将法，它利用了客户的“逆反”心理。

话术 5.4

“这种款式的太贵。”

“这种品牌不适合普通人。”

运用消极提示法受到许多条件的限制，在实际运用时推销人员应该注意以下几点：

（1）选好提示对象。这种方法一般适用于自尊心强、爱面子、反应敏感的客户，对反应迟钝的客户和理智型的客户不起作用。

（2）慎用刺激性语言，避免冒犯客户。使用消极的语言同样需要采用温和、善意的方式，不能挖苦讽刺客户。

（3）为客户解决问题。推销人员应在提示后，立即为客户提供解决问题的方案，并使客户满意，让客户感受到推销人员的善意和真诚。

5. 明星提示法

明星提示法是指推销人员借助于一些名人、厂名、名店以及产品的知名度与名誉度，来说服客户购买产品。这种产品方法借助名人的权威效应消除客户的疑虑，诱发客户的购买欲望。

话术 5.5

"这种产品是国家队的指定产品。"

"××明星一直使用这一品牌。"

推销人员运用明星提示法，应注意以下几点：

（1）所提示的明星必须具有较高的知名度、美誉度，且被客户所知所接受。

（2）所提示的明星与产品有着一定的内在联系，如体育明星与运动产品，影视明星与化妆品等。

除此之外，还有证明提示法、动议提示法、联想提示法、逻辑提示法等。

三、介绍法的运用

介绍法是推销人员利用生动形象的语言介绍产品，说服客户购买推销商品的洽谈方法。介绍法一般分为直接介绍法和间接介绍法两种。

1. 直接介绍法

直接介绍法是指推销人员直接介绍产品的性能、特点、价格、服务以及该产品带给客户的好处等，以劝说客户购买。这种方法最大的优点是节省时间，推销效率比较高。

话术 5.6

"低噪声，超薄机身，轻巧美观，绿色环保，拥有这样的空调，您一定会舒舒服服地度过炎夏"——直接介绍产品的优点。

"儿童服装，一律五折"——直接介绍产品的价格。

"第 29 届奥运会指定产品"——直接介绍产品声誉。

推销人员运用直接介绍法，应注意以下几点：

（1）针对客户的不同购买心理，抓住推销重点直接向客户介绍。

（2）抓住易被客户接受的明显特征或者优点向客户介绍。

2. 间接介绍法

间接介绍法是指推销人员不直接说明推销品的情况，而是通过介绍与其密切相关的其他事物，达到间接介绍推销品，以劝说服客户购买。

话术 5.7

"这是今年卖的最好的款式，那位大姐一下子买了五件呢！"——通过一下子买五件来说明商品好。

“这套西服采用进口生产线缝制，法国面料，做工考究……”——通过西服的制作、面料，来间接证明西服品质优良。

推销人员运用间接介绍法，应注意以下几点：

（1）选用的说明资料一定要有助于间接介绍产品，要恰到好处。

（2）使用的语言要温和、含蓄、委婉，并注意观察客户的反应。

任务三　利用沟通技巧说服客户

【情景重现】

窘迫的境遇

王川身着笔挺的西装，走进百事达汽车公司的采购部经理张海的办公室。王川彬彬有礼地打招呼：“您好，张经理。”同时伸出手来。张经理站起来，轻轻地握了一下手，回到椅子上坐下来，一边听王川讲话，一边开始阅读电子邮件。

王川拉了拉领带，咽了一下口水，然后开始他千篇一律的推销游说：“张经理，我到贵公司来是想向您介绍一下如何使贵公司的利润提高10%。”

张经理推开计算机键盘，身子往椅背上靠了靠，双臂紧抱，眼睛瞥了一下王川，慢条斯理地说：“今天你已经是第七个到公司来的推销员了，每一个都说能为我公司降低成本或提高利润，其幅度从5%～25%不等。”这时候桌上的电话响起来了，张经理拿起了电话，“嗯……好，三分钟以后准时见。”王川盯着脚下的地毯，觉得头脑发胀，不知道说什么好。

张海放下电话，慢慢转过身子，从眼镜上方看着王川：“对不起，小伙子，我马上有个重要的会议。”王川抱歉地说：“打扰了，我过些时候再来。”

讨论与交流：

1. 王川是如何遭到拒绝的？为什么会这样？
2. 当我们遇到这种情况时，该用什么样的方法去应对？

从本质上讲，人员推销就是一个双向沟通的过程。它是一个有目的地提供信息、说服和反馈的沟通过程，不仅包括说，也包括听。良好的沟通使推销人员得以全面了解目标客户的需求，发现掩盖着的问题，帮助目标客户做出解决问题的合适方案，有利于在推销人员和目标客户之间建立起信任的关系。

在谈论沟通技巧之前，我们先来看看客户的沟通风格类型。根据人们在交际倾向与控制倾向方面的不同特征，划分出四种典型的沟通风格：分析型、主观型、情感型和随和型，如图5-1所示。虽然对大多数人而言，这四种类型的特征都兼而有之，但其中必有一种类型占主导地位。推销人员最终能否与客户形成良性沟通，在很大程度上取决于在洽谈中是否注意到了对方的沟通风格。

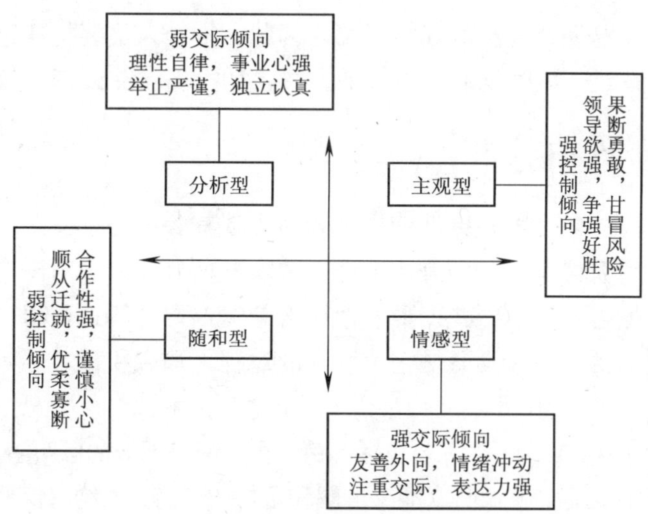

图 5-1　四种典型的沟通风格类型

现在我们来看推销沟通的五个基本技巧：观察、倾听、提问、陈述和答复。

一、观察技巧的应用

在现实生活中，我们所获得的关于其他人的信息大部分来自非语言。一个人的办公环境和他的穿着会提供有关这个人及其公司的信息。有些是非常清楚的，如他的毕业证书、名片；有些信息则还须推销人员进行分析，如办公桌的布置方式、桌面摆设、办公室摆放的艺术品的类型等。不管这些信息清晰与否，它们都是推销人员所要观察的非语言信息。通过把销售环境划分为外围空间、接近空间和个人空间，我们可以更好地把握观察的过程。

外围空间包括推销人员所看到的企业外围环境，如企业建筑物的年限和风格、旗帜和标志物、工人的精神风貌以及生产车间和设备。推销人员应观察这类事物，从中寻找出有关企业文化、组织建设甚至是财务状况的线索。例如，如果推销人员发现某工厂仅以一半的生产能力在运作，这可能标志着该工厂的产品滞销或者可能正面临着财务困难。

接近空间包括一般的办公环境。在这一空间内，如办公室的布局方式、所用装饰品以及具有某种意义的标志等，都是要考虑的重要因素。例如，挂在墙上的学位证书，在办公室中摆放的大学时代的纪念物，都是说明客户身份的重要证明。如果墙上挂有一些异国风情的照片，则意味着这个人有摄影的业余爱好或者喜欢旅游。

个人空间包括客户本人。推销人员要留意各种有关客户的线索，包括穿着打扮、特殊习惯、个人喜好以及行为举止等。如果客户看起来很生气，这意味着他遇到了生活上或是工作上的烦心事，他没有时间去看推销人员提供的最新产品。一位特殊的客户也许在他与推销人员的接触中，总是穿着笔挺的西装，打着漂亮的领带，看起来非常的正式，这意味着他很想显得职业化，并试图给人留下这样的印象。

观察作为一种收集信息的重要技巧，应该以系统的方法来加以运用。当一个人从外围空间穿过接近空间进入个人空间时，信息的本质发生了变化，变得越来越特定化，即不但与个人有关，同时也与推销洽谈时周围的环境有关。因此，推销人员要把通过观察收集到的信息作为一种参考证据，在过一段时间后通过其他方式，如提问、交谈等予以确认。

二、倾听技巧的应用

努力完成推销任务的内驱力，会促使推销人员大谈其公司与产品。但是，为了更加有效地推销，推销人员必须获得有关各种具体条件下的客户信息。客户对一个产品或某项服务是否有需求？如果有，是否一定要做些变更？他买得起吗？要了解这些事情，最简单的办法就是仔细地听客户所说的话。如果沟通是一个双向的过程，那么积极地倾听应当算作其中的一个重要的组成部分。

尽管倾听是如此重要，但大多数人，包括推销人员，都是无效的倾听者。测试表明，在听完一段 10 分钟的口头表述之后，普通听众能够理解和记住的内容，大约仅仅只有一半。在 48 小时之内，又忘记这一半的 50%，只剩下整个倾听内容的 25%。也就是说，我们所理解和保存的仅仅是对方所说的 1/4。而实际上，相对于说、读和写而言，听是沟通技能中用得最多的一种。

为什么人们没能做到更好的倾听？主要原因是存在偏见，认为听是被动的，要说服别人就需要用力去说。当我们谈到某人应该做销售这一行时，我们就说他很有“口才”。事实上，听的才能更有力量，因为听的人不仅了解自己，也能了解说的人。而且，听的人向说的人传递了一种强有力的信息：“我对你说的话和你本人感兴趣。我认为你值得听。我并不总是同意你，但我尊重你表达自己观点的权力。”

那么，一个人如何才能成为一个积极的倾听者呢？要像训练其他推销技能一样，进行细心的训练。为了成为一个积极的倾听者，推销人员要做到以下六点：

1. 不要只听言语本身，还要对说话人的真实意图明察秋毫

客户可能说：“不！”但如果他在笑，坐姿松弛，手也呈摊开状，或者他还是盯着样品在研究，那么作相反理解就可能是对的。

2. 请客户多说话

像“继续”“还有什么”“您对此感觉怎么样”“还发生了什么”这类话能鼓励客户说得更多，并同推销人员继续分享思想和信息。

3. 同客户迅速建立眼神交流

推销人员应与客户维持眼神接触，在客户的脸部表情或身体动作中察觉出细微变化。

4. 要求客户澄清问题，以便弄清他是否真正理解了

譬如，推销人员可以问：“你是不是想说……”“好像你在说……”“似乎你觉得……”。这样的提问不仅仅是要弄清楚问题，也显示了对他人的关心。

5. 客户说话时，推销人员应注意听，不要打断他们的话语

虽然要求推销人员不要打断客户说话，但也要避免完全沉默，要适当作出声音上的反应，如“嗯”“是的”“我懂”等，以鼓励客户。

6. 通过非语言方式表现出你在积极倾听

非语言方式包括：身体前倾；直接面对说话人，而不是侧身；采用一种放松而又警觉的姿态，精神抖擞地站或坐，但也不显得紧张；采用一种不设防的体态；同意时点头并微笑等。

小测试　你有这样的倾听习惯吗？

人无完人。当我们同家人或朋友说话时，都会有这样或那样不好的听讲习惯，而我们却随它们放任自流。然而，在生意场合，就要抛掉这些坏习惯，积极地倾听。请看下列常见的不受欢迎的听讲习惯，对照检查自己，并着手消除这些坏习惯。

1. 你一人独揽谈话。
2. 当人们说话时，你从中打断。
3. 你从来不看说话人，或是表示出你在倾听。
4. 不给对方把话讲完的机会，你就开始辩论。
5. 所谈到的每件事都让你想起你所经历过的事情，你禁不住要离开话题讲你的故事。
6. 如果别人的停顿太长，你替他们结束一句话。
7. 你不耐烦地等别人结束讲话，好插上点什么。
8. 你在保持目光接触时，过于努力，让人们感到不舒服。
9. 你看上去像是在评价正在同你说话的人，把他当作塑像一般上下打量。
10. 在给予反馈时，你做得过了头——点头和“嗯、啊”过多。

三、提问技巧的应用

在推销洽谈中常常需要运用提问技巧来引起对方的注意，同时获得信息和资料，传达自己的感受，控制洽谈的方向。提问的关键不在于数量多少，而在于是否善于提出高质量的问题。推销人员应根据洽谈对象、内容和目的的不同而采用各种不同的提问方式和技巧。

1. 提问方式

推销洽谈中的提问主要分为封闭式提问和开放式提问两大类型。

（1）封闭式提问。封闭式提问是指所提出的问题具有特定的答复，一般可以用“是”或“否”作为回答。例如：“早几天打电话到公司没找到您，您是否出差了？”这类问句，可以使发问者得到特定的资料或信息，而答复这类问题也不必花时间思考。这类问句分为以下几种情况：

1）选择式问句，即给对方提出几种情况让他从中选择的问句。

话术 5.8

“您需要的颜色是银白色还是浅灰色？”

“您明天上午是有时间还是下午有时间？”

2）澄清式问句，即让对方对其所说的话进一步确认的一种问句。

话术 5.9

"您是说这类设备要订购 100 台吗？"

"是否在下个月以前把这批货送到你们公司？"

3）暗示式问句。这种问句本身已强烈地暗示出预期答案，目的是促成对方表态。

话术 5.10

"这种款式现在市场供不应求，价格还会上涨，您说是吗？"

"您知道现在原材料供货商的要求是越来越多，是吧？"

（2）开放式提问。开放式提问是指提出的问题具有广泛的答复，不能简单地用"是"或"否"来回答。这类问句因为不限定答复的范围，所以能使对方畅所欲言，获得更多的信息，方便推销人员了解客户的感觉、态度和喜好。此外，这种提问方式使得销售访问更具有交谈的性质，能提高客户参与洽谈的积极性。封闭式的提问使洽谈听起来像质问，并常常导致目标客户提早结束会谈。表 5-1 中列出了封闭式问题和开放式问题的对比。

表 5-1　封闭式问题和开放式问题的对比举例表

封闭式问题	开放式问题
"你的秘书是否在目前文字处理系统方面遇到了困难？"	"你的秘书在目前的文字处理系统方面遇到的问题是什么？"
"你感到处理会计账目方便吗？"	"对于提高会计账目处理效率，你作了什么计划？"
"你公司的安全系统是否需要更新？"	"你在安全系统方面作了哪些变动以确保它适应当前的状态？"

在洽谈过程中，发问者要多听少说，多运用开放式问句，谨慎采用封闭式问句。发问者应事先了解对方情况，打好腹稿，注意发问时机，取得对方同意后再进一步提问，由广泛的问题逐步缩小到特定的问题，避免含糊不清的措辞，避免使用威胁性、教训性、讽刺性的问句，避免盘问式或审问式的问句。

2. 提问技巧

提问的技巧有很多，在推销过程中一般需要综合运用，以发掘需求、融洽关系。SPIN 提问法和灯笼式提问法是两种重要的综合提问技巧。

（1）SPIN 是英文单词背景（Situation）、问题（Problem）、暗示（Implication）和需求—效益（Need-Payoff）的缩写。SPIN 提问法由于具有连贯性和逻辑性，在推销实践中获得了广泛的运用。它包括了以下四类问题：背景型问题、问题型问题、暗示型问题和需求—效益型问题。

1）背景型问题的目的在于收集资料和客户当前状况的背景信息。这些问题可以使推销人员获得推销陈述中要用到的重要信息。考虑到客户也许对这些问题比较敏感和厌烦，所以推销人员应该谨慎提问，不要引起客户的反感。这类问题的共同点是为了收集有关目标客户当前情况的信息。

话术 5.11

"您现在使用的是什么样的处理设备？"

"您现有的设备已经使用多长时间了？"

"您希望实现什么目标？"

"贵公司的年销售额是多少？"

"贵公司人员开销情况怎么样？"

2）问题型问题的目的是为了发现目标客户面临的问题、困难和不满。经验丰富的推销人员会问许多这样的问题，以寻找到其他产品和服务的用武之地。

话术 5.12

"您现在的机器修起来很难吗？"

"您是否在担心老设备所生产的产品质量？"

3）暗示型问题的目的是引导目标客户考虑问题可能造成的后果和影响。推销人员必须是通过问题型问题找出一些存在的问题之后，才会问暗示型问题。这类的提问使客户重视原先以为无关要紧的问题，认识到有必要对这类问题采取行动。

话术 5.13

"这个问题对贵公司未来的盈利有什么影响？"

"这个问题对贵公司的产量有什么影响？对贵公司的业务扩展有什么影响？"

"操作人员是否满意？"

"是不是有产品质量问题？"

"是不是废品率太高？"

4）需求—效益型问题是让目标客户相信某一解决方案是有价值的。这类问题将目标客户的注意力集中到解决问题的方案上，使客户自己认识到自身利益所在。问题型问题与需求—效益型问题之间最明显的差别在于：前者注意问题本身（提问的设计是让客户认识到问题的严重性），从而让客户感到焦虑；后者是关注问题的解决办法，从而让客户感到宽慰。

话术 5.14

"如果我给你展示一种可以不让您的操作员加班并因而减少成本的方法，您感兴趣吗？"

"您想了解到减少次品数量的方法吗？"

"转速更高的机器对您有什么帮助？"

如果目标客户消极地回答了需求—效益问题，其原因可能是推销人员还没找出严重得使其采取行动的问题。推销人员应该进一步询问更多的问题型问题、暗示型问题和一个新的需求—效益问题来进行调查。

SPIN 提问法的重要优势是在提问过程中推销人员不用过多地谈及自己的产品，而是鼓励客户自己定义需求，主动发现产品所能带来的利益，一般不会引起客户的反感。这样，潜在客户会把推销人员当作一位提供帮助的咨询专家，而不是一位推销产品的人，有利于推销人员与客户之间建立良好的人际关系。

使用 SPIN 技巧来推销桌面印刷系统

推销人员：“你曾经把文件拿出去排字打印吗？”【背景型问题】

目标客户：“是的，大约每月一次吧，因为我们太忙了。”

推销人员：“把文件拿出去打印的成本很高吗？”【问题型问题】

目标客户：“没有。它只增加了5%的成本，我们把这加到客户的费用上。”

推销人员：“那你们周转周期很快吗？”【问题型问题】

目标客户：“有时周转是挺慢的，你看，印刷商并没有最优先的去做我们的业务，因为我们不是他的大客户。你知道，我们只是需要时才去印刷。”

推销人员：“因为周转慢而错过了你客户的最后期限时怎么办呢？”【暗示型问题】

目标客户：“那只发生过一次，但是真的很糟。王先生，那位客户，真的大骂了我一顿，我们失去了许多的信赖感。虽然这只发生过一次，但我真的不想对任何客户再发生那样的事情!”

推销人员：“如果我给你演示一种减少到外面印刷而又不增加你员工人数的方法，你会感兴趣吗？”【需求—效率问题】

目标客户：“当然有兴趣，说来听听吧。”

（2）灯笼式提问法是将提问题的过程想象成一只灯笼，如图 5-2 所示。灯笼的狭窄部分表示需要提封闭式问题，宽大的中央部分需要提开放式问题，推销人员从狭窄部分开始，用封闭式问题收集事实，通常是用一些答案是肯定的问题使目标客户放松。接下来是宽阔的部分，推销人员使用开放式问题，以便确定潜在顾客的感觉和需要。当推销人员抓住了客户的潜在需要和问题后，封闭式问题将再次出现，用来最终全面确认客户需求。

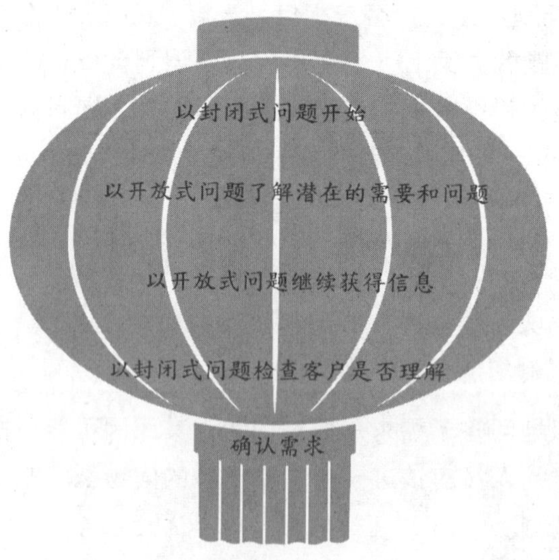

图 5-2　灯笼式提问法

用灯笼式提问法出售医疗手术衣

罗先生："刘女士，我今天拜访你，是想看一看你们医院是否可以从新型的混纺手术衣中得到好处。"【目的声明】

刘女士："好的。"

罗先生："我不知道我可否问你几个关于你们现在的手术衣方面的问题？"【提出要求】

刘女士："可以，请吧！"

罗先生："目前你们是否在外科手术室中使用全棉手术衣？"【以封闭式问题开始信息交流，引导客户做肯定回答】

刘女士："是的，我们是这样。"

罗先生："你们的医生感觉全棉手术衣怎么样？"【以一个开放式问题解释不满意的根源】

刘女士："既然你提到了，我就坦言，是有许多人不喜欢全棉手术衣。就在昨天，洗衣部的经理还对外科手术衣发表看法。"

罗先生："你能具体说一下洗衣部经理的话吗？"【以一个开放式问题继续交流信息】

刘女士："他说这些手术衣很容易穿坏，而且洗衣成本很高。"

罗先生："很有意思。还有什么看法？"【继续获得信息】

刘女士："那些手术衣必须熨烫，这当然提高了洗衣成本。而且护士和医生都抱怨这些衣服的样式难看。"（罗先生点头，身体前倾）

罗先生："他们不喜欢在出了手术室以后被人看到穿着那些难看的手术衣吗？"【以一个封闭式问题检验自己是否理解了潜在顾客的讲话】

刘女士："是的，是这样。"

罗先生："在订购新手术衣时，你考虑价格问题吗？"【以一个封闭式问题改变谈论的话题】

刘女士："当然要看价格，但这只是一个因素。"

罗先生："那么使用手术衣的部门认为，其他因素，如质量、使用成本、服务等，也可能与价格一样重要，是这样吗？"【以一个封闭式的问题检验理解的程度】

刘女士："当然了。"

罗先生："看一看我能否这样概括你所说的话。你们现在使用的全棉手术衣没使洗衣部经理和外科全体人员满意。同时，你作为采购代理人关心手术衣的价格，但这并不是决定性因素。你认为我所说的是不是事实？"【明确了一个问题，同时准备进行介绍】

刘女士："是的，是这样。对于这件事你有什么新办法？"

罗先生："是的，我有……"【现在他开始对自己产品的特性和优点进行介绍】

四、陈述技巧的应用

能够以有说服力的方式陈述信息是推销成功的关键因素。要做到这一点，在洽谈前需要思考和准备。推销人员应该事先知道什么信息对客户是重要的，确定表述的最有效次序，设计一个与客户接触的方法，注意自己的身体语言和语音语调，将要表达的意思清晰地表述出来。为了增加陈述的有效性，推销人员应该做到以下几点：

1．陈述时使用积极、生动的语言

推销人员在陈述推销信息时要尽量使用正面、积极的描述，避免使用负面词汇。

话术 5.15

“这是台好机器，可是比较贵。” ×

“这是台好机器，而且物有所值。” ✓

推销人员要使用生动的语言，多用些比喻来激发顾客的联想。

话术 5.16

“冬天使用我们的新型窗户很暖和。” ×

“冬天使用我们的新型窗户，就像用了个暖气炉，外面的冷空气完全被隔开了。” ✓

2．用创新的方式陈述信息

由于客户每天都被销售和促销信息包围着，而且客户面对的是来自不同推销人员的相同故事：“我们公司是最好的；我们的产品是最佳的；我们的价格是最低的；我们最能使您节约成本。”显然，对于推销人员而言，要考虑怎样从其他人中间脱颖而出，同时仍能将正确的信息传递给目标顾客。推销人员应认识到为了说明同一件事，存在许多种不同的方式，并且应该以一种有趣和新鲜的方式来描述信息。推销人员应避免陷入销售信息的陈旧模式，不断更新信息。

一名销售人员想向客户说明投资购买一台新型计算机的回报，为了将表达方式戏剧化，他先请客户从钱包里拿出 1 元人民币交给他，然后递给客户 2 元人民币，并说：“你用来购买这台机器的每 1 元钱，都能在第一年内得到 2 元的回报。”

3．陈述时积极运用身体语言

我们的眼睛常被别人的动作所吸引。认识到这一点之后，许多推销人员会在演示中翻动图表，指向有关的实物，递给观众一件模型，从口袋掏出一件东西，或从公文包中拿出一件东西，这些动作的目的是吸引注意力。推销人员在陈述时要特别注意自己的手势动作，一般要求做到以下几点：

（1）手臂要保持在腰部以上。

（2）根据观众的人数决定张开手臂的幅度大小。

（3）不用时，将手放在身体两侧。

（4）不要突然做动作。

（5）要注意适当变换手势。

（6）手掌张开，手指并拢。

4．陈述时与顾客积极互动

“我听到然后忘记，我看到并且记住，我做了才会理解。”这一真理无疑也适用于推销。

当一个人从听到过渡到看再到做，他就能真正理解并记忆所接收的信息。为了提高推销陈述的有效性，推销人员在陈述推销信息的同时，要充分使用推销辅助手段，如产品的图片、书面证明、陈述产品优点或与公司事务有关的图表，并在陈述时力图引导客户参与互动。

五、答复技巧的应用

推销洽谈中推销人员的每一句回答，都会被客户理解为是一种承诺，因此推销人员针对客户的提问应实事求是地正面回答。但是，由于推销中的提问千奇百怪、形式各异，对所有的问题都予以正面回答，并非明智之举，所以答复也必须运用一定的技巧。

1．不要彻底答复对方的提问

推销人员在答复客户时可将问题的范围缩小，或者不作正面答复，或者只作局部答复，或对答复的前提加以修饰和说明。例如，在对“质量如何？”答复时不必详细介绍产品所有的质量指标，只说明其中的几个主要指标，使客户形成质量可靠的印象即可。

2．针对提问者的真实心理进行答复

有时提问者有其真实的目的，有意识地含糊其辞，模棱两可。这时，推销人员一定要认真分析，揣摩客户的真实心理，针对客户的心理作出答复。

3．拖延答复

当遇到难以答复或需要请示的问题时，推销人员可以用“资料不全”、“需要考虑”、“请示后再答复”等作为理由延缓答复，这并不是无礼的表现。

4．含糊应答

当遇到一些比较棘手、难以作确切回答，但又必须回答的情况时，推销人员可以含糊应答。例如，对方要求将价格再降一些，可以答复：“价格确实是大家关心的问题，不过我们产品的质量和售后服务都是一流的……”

5．不予理会

对一些明显不值得回答或不方便回答的问题，推销人员可以不予理会，最好是转移话题或以资料数据不全为推托，拖延或拒绝回答。

推销人员彭东去一家商场推销一种包装简单、售价为32.8元的黏性清洁器。他向经理说明了来意后，对方兴趣不大。彭东毫不在意，他一声不响地从提包里拿出事先准备好的一包碎头发、一团白棉花和一小块地毯。然后将碎头发洒在地毯上，又把白棉花在地毯上搓了搓对大家说：“我们的衣服上、家里的布艺沙发上、地毯上常常会粘有灰尘、头发和宠物的毛发等，这些东西很难被清除掉，即使用水洗，有时也很难办。别发愁，大家看……”彭东拿起黏性清洁器在地毯上来回推了几下，地毯一下子就干净了，再看看清洁器的表面

上粘满了原来地毯上的杂物。

办公室里的人都感叹清洁器的良好效果，纷纷进行比试。这时有人却说道：“这么点玩意，就要30多元，包装还这么简单。”

彭东答复说：“黏性清洁器是我们公司的专利产品，而且能反复清洗使用5 000多次，平均每次花费几分钱，可是能给生活带来极大的方便。我们还替客户着想，使用了最简易的包装，降低了价格，要不30多元肯定买不上。而且这种生活日用品都是自己使用，包装以实用为主，能起到保护商品的作用就够了。”

办公室里的人慢慢被彭东说服了，最后商场订购了500只黏性清洁器。

总之，在推销洽谈过程中，成功的说话技巧不能忽略：一是掌握谈话的主题；二是用关键词打动客户；三是语言明了易懂；四是所谈内容能引起客户共鸣；五是有说服力；六是不要满口专业术语。

【项目小结】

1. 推销洽谈是推销人员运用各种方式、方法和技巧去说服客户购买的过程，也是推销人员向客户传递推销信息的过程。推销洽谈应遵循针对性、鼓动性、参与性、真实性等原则。

2. 推销洽谈是一个双向沟通的过程，推销人员要掌握分析型、主观型、情感型和随和型等不同类型的客户沟通风格特点，从而有针对性地进行洽谈。

3. 推销洽谈的主要方法有诱导法、提示法和介绍法，技巧包括观察技巧、倾听技巧、提问技巧、陈述技巧和答复技巧等，推销人员只有掌握了这些方法和技巧，才可能实现推销洽谈的目的。

项目综合训练

1. 销售人员小李正在向老张销售新车。老张刚走进展示厅，参观了几分钟。下面是他们的对话。

小李：“我是小李，请到我办公室喝杯茶吧，我们聊聊好吗？”

老张：“谢谢！”

小李：“我可以问你一些问题吗？”

老张：“当然，你可以叫我老张。”

小李：“谢谢，老张。能否告诉我你想要什么样的车吗？”

老张：“我想要一种小型车，一种……”

小李：“太好了！让我向你介绍我们新推出的“康拓”，这种车前轮驱动，还有可以横向发动的发动机、齿条齿轮式的转向盘，以及盘式制动器。你觉得如何？”

老张：“听上去很好。我有家庭，我常外出旅游。”

小李：“‘康拓’可以四个人舒舒服服地坐在里面。最近的评级显示这款车每升汽油可以行使50公里，这应该很适合你。你现在开什么车？”

老张：（犹豫一会儿）“我现在开桑塔纳，这种车车厢很大，行李箱也很大。”

小李：“你知道现在以旧换新用桑塔纳买别克要花多少钱吗？”

老张：“我想我应当再看看，货比三家，我还不能确定……”

小李：“让我告诉你吧，在我们车行，你会得到最好的交易。在整个地区，我们因为诚信和服务而享有最好的声誉，没有人比我们更出色。我打算在滞销价的基础上再去掉 5 000 元卖给你，但不知经理会不会同意，如果他知道今天能与你达成交易的话，他或许会同意的。”

老张：（打算离开）“我不想今天作出决定，买车之前我想再看看。”

小李：“请不要走，或许我能让经理同意再给你点折扣。”

老张：（走出小李办公室）“不，如果我有时间的话，我会再和你联系的。”

小李：“好的，但是你会后悔的。今天我本可以给你一笔好交易。”

问题讨论：

（1）小李违反了推销洽谈的什么原理？

（2）重新设计洽谈过程，并分角色进行对话模拟。

2. 小李是一家生产冲压机企业的销售人员，现在正与一位潜在客户进行交谈，该潜在客户的自动冲压机因技术落后而给他带来了问题。他们之间的对话如下：

小李：“您在生产中是否正在使用天天公司的机器？”

客户：“是的，我们有四台。”

小李：“这些机器是否存在某些问题？”

客户：“确切地说，您是指什么？”

小李：“在使用这些机器时有什么困难？”

客户：“使用起来有些问题，特别是控制软件，但我们通过操作培训已经掌握了调整的方法。”

小李：“我们公司的软冲压系统能解决您所有的问题。”

客户：“这个系统的价格是多少？”

小李：“其基本系统是 100 万元，还有……”

客户：“100 万元？相当于我以前一台机器的价格！您开玩笑吧？”

问题讨论：

（1）小李犯了什么错误？

（2）运用 SPIN 提问技巧重新设计提问。

3. 用友伟库公司是一家专业的互联网技术提供商，曾经为不少知名企业提供互联网技术服务。假设你是用友伟库公司的销售代表，准备在明天去拜访乔木设计所。乔木设计所是本市一家著名的建筑设计所，所长乔木是国内著名的视觉设计大师，有许多作品获奖。你的目标有两个：一是希望帮乔木设计所建立内部局域网；二是希望帮助乔木设计所制作对外公开网页，并为其提供全部的相关技术服务。

问题讨论：

（1）在你拜访乔木先生时，你准备说些什么？

（2）你通过询问发现，乔木先生只想为自己的设计所架设内部网，认为公开网页华而不实。但实际上，作为设计这一行最需要公开网页服务，特别是具有互动性功能的网页，只是乔木先生没有察觉到罢了。你将如何让乔木先生意识到这一点？

（3）对于内部网需要达到的功能，由于不清楚互联网技术，乔木先生不能给你明确答案，那么，你准备通过什么方式准确了解乔木先生的需要？

实 训 项 目

1. 课内模拟演练

在下列每个销售情景下，确定：

A. 买方正在传递什么非语言信号？

B. 你将如何作出非语言反应？

C. 你将说些什么？

（1）客户看上去很高兴见到你。因为你在过去几年中一直在访问他，你们两个已经成为生意上的朋友。在你的展示进行到一半时，你注意到买方慢慢地向后靠在椅子上。当你继续讲话时，他的脸上出现了一种迷惑的表情。

（2）当你开始展示主要部分时，客户拿起电话并说：“请继续，我要告诉秘书点儿事情。”

（3）作为一个只有六个月经验的推销员，你将访问一位已经做了近 20 年采购工作的重要客户。你感到有些紧张。在你的展示开始三分钟后，他把胳臂伸向空中，慢慢地将双手放到脑后握起来。他在椅子中一个劲地后仰，同时，架起两腿，与你拉开距离，并慢慢地闭上眼睛。你继续讲着。他慢慢张开眼睛，放下翘起的腿，在椅子中坐直身子。他身体前倾过来，将胳膊放到桌面上，用手支着头。他看上去很放松，说道：“让我来看看你有些什么。”他伸出手来，向你索取你进行展示所使用的资料。

（4）在你的展示结束时，客户探过身来，两臂摊开，微笑着说：“你并不希望我买那件废物，是不是？”

2. 课外实战训练

在人流密集的地区，开展一次实地推销活动。活动分为三部分：选择推销的产品；开展推销；总结。总结应包括如下内容：

（1）产品是否吸引到客户，为什么？

（2）推销过程中，我运用了哪些推销洽谈技巧？效果如何？

（3）推销洽谈过程中，我的语言使用是否准确？

（4）如果没有与客户达成交易，原因是什么？

活动结束后，以小组为单位撰写并递交总结报告，并针对各组的实践经验和收获进行讨论和交流。

项目六
客户异议处理

➲ 能力目标

1. 能够正确判断客户异议的类型
2. 能够运用客户异议处理的方法完成推销任务

➲ 知识目标

1. 了解客户异议的含义
2. 熟悉客户异议的主要类型和应对技巧
3. 掌握客户异议处理的方法

➲ 训练重点

1. 需求异议处理训练
2. 价格异议处理训练

【情景模拟】

挑毛病

同学们分成两人一组，其中一位是A，扮演推销人员；另一位是B，扮演客户。A现在要将公司的某件商品（手机、Mp3、图书等）卖给B，而B则想方设法地挑出本商品的各种毛病，A的任务是一一回答B的这些问题，即便是一些吹毛求疵的问题，也要让B满意。

讨论与交流：

对于客户提出的各种异议，我们应该用什么样的方法去应对？

任务一　认知客户异议

【情景重现】

“太贵了”

“刘经理，您好，又来拜访您了。我这次来主要是想谈合同的事情。我们的资料您也看过了，对于产品您应该是比较满意的。”

“产品你们做得是不错，就是太贵了。要知道××公司的同类产品就比你们便宜不少嘛。你们的产品只能打九折吗？这样吧，你帮我打七折我就买了。”

讨论与交流：

1. 什么是客户异议，这类现象在生活中普遍存在吗？

2. 情景中客户所提到的是关于哪一方面的异议？除了这类异议，在现实生活中还存在哪些类型的异议？

3. 假如你是推销员，碰到这类异议你会如何处理？

推销过程中，对来自推销人员的任何观点、建议，客户都不可能毫无反对和抵抗就全盘接受。即使推销人员所推销的产品或服务正是他所急需的，也是如此。这是因为，从购买心理上讲，任何买方都不希望推销人员把他当作是一个对产品无知的人，他从心理上就认为自己是一个精明的、鉴别能力强的、不是一个能被轻易说服的购买者。其次，他的反抗和抵制会大大增加与推销人员讨价还价的筹码。推销人员只有正确了解客户的异议了，并有针对性地成功处理后，才可能最终与客户达成交易。

一、客户异议的含义

客户异议是推销过程中客户对推销人员、推销活动、推销品交易条件等所提出的疑问或反对意见。只要推销牵涉人们的态度与看法的交流，就会产生异议，它是推销过程中的一个重要环节，正确处理这些异议，是达成交易的前提。

推销人员应该正确地认识和理解客户异议，对推销而言，可怕的不是异议而是没有异议。不提任何意见的客户通常是最令人头疼的客户。因为客户的异议具有两面性：既是成交障碍，也是成交信号。有异议表明对产品感兴趣，有异议意味着就有成交的希望。推销人员通过对客户异议的分析可以了解对方的心理，知道他为何不买，从而对症下药，而对客户异议的满意答复，则有助于交易的成功。客户常见异议的表现见表 6-1。

表 6-1　客户常见异议的表现

语言表现	动作表现
"我不需要这个产品"	不听推销人员的产品介绍
"听说这种产品很容易损坏"	对推销人员的介绍没有任何回应
"我暂时还不需要"	在推销人员进行产品介绍时离开
"我没钱买"	不停地看表或接听电话
"这个事情要我丈夫（妻子）说了算"	—
"我考虑后答复你"	—

二、客户异议的类型

许多推销人员总被客户异议的表象所迷惑，其实异议并不说明买卖一定不能成交，只是在某个时间、某个问题上存在分歧。推销人员只要了解造成异议的原因，就容易把它变为成功的力量。

按照不同的标准可以把客户的异议划分为不同的类型。根据实际需要，采用综合性的划分标准，我们把常见的客户异议划分为以下几大类。

（一）按异议的性质划分

按异议的性质划分，客户异议可以分为真实异议和虚假异议。

1. 真实异议

真实异议是指客户对推销的真实看法，是对推销介绍的真实反应，它是客户购买行为的有效障碍，也称之为有效异议。对于真实异议，推销人员必须认真对待，仔细分析，从根本上消除客户的有效异议。

2. 虚假异议

虚假异议是指客户为了拒绝购买而故意编造的各种异议，是客户对推销介绍的一种虚假表现。虚假异议的内容不是客户的真实想法，即使推销人员处理了，也不能对客户的购买行为产生促进作用，因此称之为无效异议。

在实际推销活动中，虚假异议占客户异议的比例较多。日本有关专家曾对378名推销对象作了如下调查："当你受到推销员的访问时，你是如何拒绝的？"结果发现：有明确拒绝理由的只有71名，占18.8%；没有明确理由，随便找个理由拒绝的有64名，占16.9%；因为忙碌而拒绝的有26名，占6.9%；不记得是什么理由，好像是凭直觉而拒绝的有178名，占47.1%；其他类型的有39名，占10.3%。这一结果说明，有近七成的推销对象并没有说明明确理由，只是随便找个理由把推销员打发走。

（二）按异议的内容划分

按异议的内容划分，客户异议可以分为需求异议、产品异议、价格异议、购买时间异议、财力异议、货源异议、权利异议和推销人员异议。

1．需求异议

需求异议是指客户认为不需要产品而形成的一种反对意见。它往往是在推销人员向客户介绍产品之后，客户当面拒绝的反应。例如，客户提出："这东西对我没用"，"我们根本不需要它"，"这种产品我们用不上"，"我们已经有了"等。

在推销过程中，客户提出需求异议，通常有三种可能的原因：一是对产品的需求缺乏认识或认识不足；二是客户的需求发生了变化；三是客户以此作为拒绝购买的借口。

对于第一种情况，可以采用需求启迪法，即推销人员指出客户在需求方面的问题，帮助其转变观念，提高对产品需求的认识，使客户对产品产生兴趣，并产生强烈的购买欲望，促成购买行为的实现。

至于第二种情况，主要是由一些不可测因素引起的。由不可测因素引起的客户需求变化产生的异议，推销人员往往是难以预料的。这就要求推销人员学会对市场环境的观察、分析与判断，密切关注客户及有关方面的动态，提高自己对顾客需求状况变化的预测能力，以便捕捉到更多的推销机会。

对于第三种情况，推销人员要认真分析客户异议的性质，设法了解其真实的异议根源及背景，然后再采取相应的对策予以化解。

话术 6.1

客户："我不感兴趣。"

推销人员："我可以问为什么吗？"

推销人员："你是现在不感兴趣还是永远不感兴趣？"

推销人员："如果我是你，我也会不感兴趣。但是，当你听了……我知道你会感兴趣的。太激动人心了！"（如果潜在客户仍说不，什么时间再谈更好呢？）

推销人员："我的一些最好的客户刚开始也是那么说的，直到他们发现……"（陈述利益）

客户："我们现有的产品很好。"

推销人员："与什么相比很好？"

推销人员："我理解你的感受，我的许多客户在转过来买我的产品之前也是那样说的。但是，他们发现这个产品能够……"（讨论现在产品或服务与你推销的产品或利益）

推销人员："你对现有的产品最喜欢的是什么？"（与你的产品做比较）

2．产品异议

产品异议是指客户认为产品本身不能满足自己的需要而形成的一种反对意见。例如："我不喜欢这种颜色"，"这个产品造型太古板"，"新产品质量都不太稳定"。还有对产品的设计、功能、结构、样式、型号等提出异议。产品异议表明客户对产品有一定的认识，但了解还不够，担心这种产品能否满足自己的需要。因此，虽然有比较充分的购买条件，就是不愿意购买。为此，推销人员一定要充分掌握产品知识，能够准确、详细地向客户介绍产品的使用价值及其利益，从而消除客户异议。针对产品异议可以采用以下四种方法：

（1）现场示范。在推销人员的推销介绍过程中，客户常会提出诸如"你的产品果真如此吗？""你的产品真的与你说的一模一样？"这样的异议，其根源主要是客户对产品的一些方面还存在疑虑。推销人员处理这类产品异议的有效方法，就是在条件允许的情况下，采取现场示范产品的方法，将产品的特点及使用效果等展现在客户面前，证明产品的实际效果，彻底打消客户心中的疑虑，使客户心服口服，从而不再坚持自己的异议，促使尽快成交。

（2）亲身体验。许多产品的性能特点及使用效果是难以用眼睛看到的，对于这些产品，仅仅通过示范，让客户"隔岸观火"是不能使其信服的，还必须让客户接触产品，亲身体验，把产品交给客户，让其试一试，操作一下，客户才会对产品的各种性能特点有切身的感受，从而对其深信不疑。

（3）邀请考察。有许多产品体积庞大，十分笨重，推销人员不能随身携带，如机电设备，在访问客户时也就无法作现场示范，更谈不上让客户亲身体验了。因此，在这种情况下，推销人员可以邀请客户到本企业或销售点去考察、观察；也可以请客户到其他用户那里考察产品实际使用情况。

（4）举证劝诱。如果产品有专家的鉴定书或权威机构出具的检验报告、签发的合格证书或某种高级别的获奖证书以及有关的新闻报道等证据，则是化解客户产品异议的有力武器。因为获得上述证书，说明产品的质量已得到有关专家、权威机构的认可，是上乘佳品，安全可靠，对此，客户一般深信不疑。

话术 6.2

客户："你的竞争者的产品更好。"

推销人员："我想听听你对这两种产品不偏不倚的看法。"（让潜在客户列出那种产品中他喜欢的特点，然后指出你产品具有相同的甚至更好的特点。）

推销人员："他的产品给你留下较深印象的是什么？"

推销人员："你指的是质量、服务、产品特点还是使用五年后产品的价值？"

推销人员："我的一些最好的客户刚开始也是那么说的，直到他们发现……"（陈述利益）

客户："我想买一个旧的。"

推销人员："你若买个旧的，冒的风险很大。你买的可能是别人用过的，有可能是使用不当的。你想为别人的错误付出代价吗？"

推销人员："可能每月节约了几十元的分期付款费用，但你将必须支付额外服务费、修理费以及停工期的损失，哪种方法更划算呢？"

3．价格异议

价格异议是指客户以推销产品价格过高而拒绝购买的异议。无论产品的价格怎么样，总有些人会说价格太高、不合理或者比竞争者的价格高。例如，"太贵了，我买不起"，"我想买一种便宜点的型号"，"我不打算投资那么多，我只使用很短时间"，"在这些方面你们的价格不合理"以及"我想等降价再买"。在实际推销工作中，价格异议是最常见的，推销人员如果无法处理这类异议，推销就很难达成交易。

正确地分析、把握客户讨价还价的动机，对于推销人员妥善处理客户的价格异议至关重要。处理价格异议的基本策略有：

（1）科学定价。制定一个科学合理的产品价格是处理价格异议的基础。推销人员应在充分调查、研究影响客户购买行为的各种因素的基础上，运用产品定价的策略与技巧，配合公司的有关价格决策部门，为产品制定一个与目标市场消费者需求特点相适应的价格，对处理客户的价格异议进行事前的准备工作。

（2）先价值后价格。推销人员在推销洽谈中，应该先讲解产品的价值、特点和优势，使客户认识到产品给其带来的实质性的利益和实惠，以激发客户强烈的购买欲望，从而分散客户对价格问题的看法。

（3）强调相对价格。推销人员在向客户介绍产品价格时，应坚持"强调相对价格"的思想。也就是说，推销人员不能单纯地与客户讨论产品绝对价格的高低，而必须把产品的价格与价值联系起来，通过与客户共同进行计算、比较等，讲解产品的相对价格，使客户认识到：相对而言，产品的价格是合理的、低廉的，是物有所值的。

（4）缩小标价单位。推销人员可以通过改变产品的标价单位，将标价的单位尽可能缩小，以减少对客户的心理冲击。

（5）时间分解法。有的产品如大型机电设备等价格十分昂贵，在推销这些产品时，客户的价格异议通常十分强烈。对此，推销人员可以采用时间分解法，即将产品的价格按使用的时间进行分解，这样就使客户感觉在一个单位时间里花费显得很少了。

（6）增值法。通常，人们总是在"少花钱，多办事"的心理影响下，提出一些价格异议。对此，推销人员应从多投资、多获利的角度来开导客户，帮助客户认清投资该项产品的价值，以化解客户的价格异议。

话术 6.3

客户："你的价格太高了。"

推销人员："请问你认为它应该值多少钱？"

推销人员："我们可以马上降低价格，不过我们需要砍掉一些服务项目，你真要那么做吗？"

推销人员："我们的价格是比竞争产品高，可我们是物有所值（解释产品优点）"

客户："给我 10%的折扣，我今天就给你下订单。"

推销人员：“我报的已经是最优惠的价格。”

推销人员：“如果你给我一张订购10件产品的订单，我就给你10%的折扣。你想订购10件吗？”

推销人员：“我们给你生产的产品达到了一定的质量和服务标准。我们可以生产价格低一些的产品，但我们的经验表明不值得那样做。这个经过验证的产品提供的是100%的满意——而不是90%。”

4. 购买时间异议

购买时间异议是指客户有意拖延购买时间的异议。客户总是不愿意马上作出决定。事实上，许多客户用拖延来代替说“不”。推销人员经常听到客户说“让我再想一想，过几天答复你”“我们需要研究研究，有消息再通知你”以及“把资料留下，以后再答复你”等。这些拒绝很明显意味着客户还没有完全下定决心，拖延的真正原因，可能是因为价格、产品或其他方面不合适。有些客户还利用购买时间异议来拒绝推销人员的接近和面谈。因此，推销人员要具体分析，有的放矢，认真处理。

客户产生购买时间异议，大致有三种情况：一是客户确实存在一定的实际困难；二是客户拒绝购买的一种借口；三是由客户优柔寡断、举棋不定所致。不论客户的购买时间异议是出于何种情况，推销人员都要以积极的态度来处理它，具体可以采用以下方法应对：

（1）良机激励法。这是利用对客户购买有利的机会来激励客户，使其摒弃还要“等一等”、“看一看”的观望念头，促使客户当机立断，拍板成交。推销人员运用这种方法时，一定要注意“良机”的真实性，必须确有其事，不可捏造所谓的“良机”来欺骗客户，否则会导致不良的后果。

（2）利益得失法。该方法是让客户明白这样一个道理：及时购买产品，将会获得更多的利益和好处；反之，则会使自己的切身利益遭受损失。亦即早购买早受益，多受益；晚购买晚受益，少受益。在运用利益得失法时，推销人员首先要注意利益的真实性，即产品确实能给客户带来某种利益或好处，能够解决客户的问题，满足客户的需要，绝不能子虚乌有，胡编乱造；其次要注意利益的准确性，即尊重客观事实，尊重科学，实事求是地介绍产品能给客户带来的利益和好处，绝不能随心所欲地夸大利益。任意夸大产品给客户带来的利益和好处，实际上属于欺骗行为，有悖于现代商业道德准则。

（3）竞争诱导法。当客户提出“何时购买，我们还必须考虑考虑”的异议时，推销人员可以采用竞争诱导法，提出客户的竞争对手已经购买了同类的产品，倘若再不尽快购买的话，就会在今后的竞争中处于劣势，以此诱导和唤起客户的竞争意识，激起其竞争欲望，促使其下定决心购买。运用这种方法时，推销人员一定要对其竞争对手的有关情况十分了解，以便回答客户可能提出的各种问题。

话术 6.4

客户：“我必须好好想一想。”

推销人员：“趁着这个问题在你头脑中刚刚形成，让我们现在想一想，你想多了解哪些情况？”

推销人员："你需要时间考虑，这我理解。我有兴趣现在听一下你对赞成购买和反对购买的原因。"

推销人员："自从我们第一次见面以来，你和我都在思考这个问题。你知道这是个绝妙的机会，你喜欢这个产品，你又知道它能给你省钱，不是吗？"

客户："我想等到今年秋天再买。"

推销人员："我的一些最好的客户也曾那么说，可当他们买了之后，就对当初的等待感到后悔。"

推销人员："你真的决定今年秋天购买吗？好，让我们今天订好货，9月1日我将把货送到。"

推销人员："如果我现在安排把货运给你，而你等到秋天再付款，怎么样？"

5. 财力异议

财力异议是指客户认为缺乏货币支付能力的异议。例如："产品不错，可惜无钱购买"，"近来资金周转困难，不能进货了"等。一般来讲，对于客户的支付能力，推销人员在寻找客户的阶段已经进行过严格审查，因而在推销过程中能够准确辨认真伪。真实的财力异议处置较为复杂，推销人员可根据具体情况，或协助对方解决支付能力问题，如答应赊销、延期付款等，或通过说服使客户觉得购买机会难得而负债购买。对于作为借口的异议，推销人员应该在了解真实原因后再作处理。

在推销过程中，客户提出财力异议，大多数情况下表明客户对产品存在需求，有购买的欲望，只是在支付上有问题。对于这类异议，推销人员应根据具体情况，采取以下对策进行处理：

（1）降低客户的需求欲望。客户的财力异议在很多情况下是由于其需求欲望超过了自身的经济条件所造成的，产生的根源可能是爱慕虚荣、攀比、追求新潮、崇尚名牌等心理因素。推销人员要针对客户心理特征和实际情况，帮助客户认清自己的需求状况及经济条件，适当地降低客户的需求欲望，使其与客户自身的支付能力相符合，即常言所说的量力而行，帮助客户树立正确的消费观念，抛弃那些不切实际的消费观。这样，推销人员就可以向客户推荐既能满足其实际需要，又能支付得起货款的产品。推销人员也可以通过建议客户减少购买量或分期分批购买产品的办法来解决支付能力不足的问题，缓解支付压力。

（2）采取分期付款或延期付款的方法。倘若推销人员采取降低客户需求欲望的方法仍然解决不了客户财力异议的实际问题，并且客户一次性支付货款又确实有困难的，在这种情况下可以采取分期付款法；如果客户购买产品所需资金不足，但在短期内能够筹措所需资金，则可采取延期付款的方法，以消除客户的财力异议。

在实施分期付款与延期付款这两种方案处理客户的财力异议时，推销人员一定要对客户的信用状况进行调查，绝不可贸然实施。若客户信用状况欠佳，则不宜采用这两种方案。

6. 货源异议

货源异议是指客户认为不该向有关公司的推销人员购买产品的一种反对意见。例如："我用的是××公司的产品"，"我们有固定的进货渠道"，"买国有企业的商品才放心"等。客户提出货源异议，表明客户愿意购买产品，只是不愿意向眼下这位推销人员及其所代表的公司购买。当然，有些客户是利用货源异议来与推销人员讨价还价，甚至利用货源异议来拒绝推销人员的接近。因此，推销人员应认真分析货源异议的真正原因，利用恰当的方法来处理货源异议。

7．权力异议

权力异议是指客户以缺乏购买决策权为理由而提出的一种反对意见。例如，客户说："做不了主"，"领导不在"等。与需求异议和财力异议一样，权力异议也有真实与虚假之分。推销人员在进行寻找目标客户时，就已经对客户的购买决策权进行过认真的分析，也已经找准了决策人。面对没有购买权力的客户极力推销商品是推销工作的严重失误，是无效推销。在决策人以无权做借口拒绝推销人员及产品时放弃推销更是推销工作的失误，是无力推销。推销人员必须根据自己掌握的有关情况对权力异议进行认真分析和妥善处理。

8．推销人员异议

推销人员异议是指客户认为不该向某个推销人员购买其所有推销的产品的异议。有些客户不肯买推销产品，只是因为对某个推销人员有异议，他不喜欢这个推销人员，不愿让其接近，也会排斥此推销人员的建议。但客户肯接受自认为合适的其他推销人员。比如："我要买老王的"，"对不起，请贵公司另派一名推销人员过来"等。推销人员应对客户虔诚相待，与客户多进行感情交流，做客户的知心朋友，消除异议，争取客户的谅解和合作。

表6-2列出了一些客户表示异议的常用语言及对推销的相应要求。

表6-2　异议语言与推销要求对应表

客户表示异议的语言	异议的性质	异议焦点	对推销人员的要求
"我做不了主"	权力异议	担心作出错误决定	积极鼓励
"产品价格太贵了"	价格异议	价格与价值是否一致	阐述价值和利益
"我要再考虑一下"	购买时间异议	验证决定	降低风险
"我对目前的供应商很满意"	货源异议	不认为你是最合适的	区别、强化
"我不需要"	需求异议	产品是否适合	挖掘潜在需求
"产品包装不够美观"	产品异议	产品了解不够	利益引导

三、客户异议处理的原则

"嫌货才是买货人"、"褒贬是买主，喝彩是闲人"，这些俗话对推销人员分析客户异议很有启发。喜欢挑剔的客户，往往都是诚心要买的，而且越是诚心要买，就越是对产品求全责备。要想很好地化解客户异议，推销人员必须把握以下原则：

1．做好准备工作

在任何一笔交易中都会遇到客户异议，所以在推销访问之前，推销人员事先要做好充分的准备工作，既做好应付异议的心理准备，也做好具体的准备工作。最好的方法是：找一张纸，在纸的中央从上向下画一条直线，在直线的左边把客户可能提出的异议一一列举出来，在纸的右边把自己认为最好的诊断方法扼要地写下来。然后分别去征求一下同事、业务负责人、老客户的意见，向他们请教更好的处理方法。拿着这张表格不断补充修改，通过模拟练习做好充分准备，一旦客户提出异议，就给以满意的答复。

2. 正视客户异议

不论客户的异议有无道理和事实根据，推销人员都必须认真对待，永远不把客户异议看成失败的预兆，而把它看成学习的机会，当作获得反面信息的机会，当成一次实践技术和完善心理素质的考验。

3. 选择恰当的时机

对客户提出的异议，推销人员可以立即答复，可以拖延答复，也可以不答复，或在客户尚未提出异议时就预先答复。一般来讲，当异议比较明显、易于答复时，立即答复；当异议不易回答、无关大局或一时难以解释时，可拖一段时间再答复；对客户的一些借口、明知故问或善意的玩笑、戏言，可不必答复。

4. 百折不挠的精神

百折不挠的精神是跨越推销障碍的关键，推销人员遇到客户的拒绝应绝不气馁，耐心地坚持访问，不断改变推销方法。

日本朝日生命保险公司首席推销人员齐藤向五十铃汽车公司开展企业保险推销。他选择总务部长作为推销对象进行拜访，去了多次都未见到部长的面。齐藤还是继续坚持拜访，两个月过去了，他终于被允许与总务部长见面。他竭力向总务部长推销企业保险，并热心地把准备好的保险方案向部长说明，可是部长还没有听完就说："这种方案，不行不行"，站起来就走开了。齐藤怀着一肚子的委屈与气愤离开了五十铃公司。

第二天一早，齐藤又来到了五十铃公司提交了一份新的方案和资料。总务部长说："这样的方案，无论你带来多少都没有用，因为本公司有不缴纳保险金的原则。"齐藤当时就惊住了，他在这个方案的制订上花费了如此之多的心血，现在却一点用都没有。然而他什么都没有多说，只是控制住自己的情绪，说了声："再见！"就告辞了。

从此，齐藤开始了对五十铃公司长期而艰苦的推销访问，前后持续了三年之久，约有三百多次。每次齐藤从家中走到那家公司来回需要六个小时，一次又一次，他就这样抱着厚厚的资料来回在这条路上奔波，终于成功地使五十铃公司购买了保险。

有许多推销人员在做出一些尝试仍遭到客户拒绝后就放弃了继续推销的念头。然而齐藤却不这样做，他认为如果就这样放弃的话，客户将无法改变原来的决定从而不会采纳推销人员的意见，这样就失去了销售的机会。如果你连续不断地进行推销，总有一次客户会接受你的推销。

5. 避免与客户争论

在推销洽谈过程中，客户提出的异议并不一定都有道理，但不管在什么情况下，与客户争论是毫无意义的，也是绝对不可取的。一句推销行话说得好："占争论的便宜越多，吃销售的亏越大。”推销人员要严格区分“说服”与“争论”的不同。事实证明，由于挫伤了客户的自尊心，争论的胜利往往导致客户购买行为的终止。

小张是某品牌空调的推销人员，她积极主动，富有激情，销售业绩一直都保持持续增长。一次她接待了一个30多岁的中年男子。“有变频空调吗？”中年男子问，小张便主动介绍了几款变频空调及其优点。没等小张介绍完，那人便反问道：“听说现在的变频空调都是假的，而且变频空调不省电，性能也不稳定……”

小张对客户的这种说法绝对不能认可，她迅速打断了客户的话，准备告诉客户正确的情况。这时小张的师傅推销人员老李走了过来，用眼神将小张支走，然后跟客户交流起来。老李并没有指出客户的错误，而是继续提示那名客户将他知道的情况说出来，等客户说完了，老李委婉地告诉客户：“这种情况在两年前确实存在，我也听说过，不过现在的技术进步，产品成熟，变频空调的优点大大提高了，而且这是名牌产品，在质量和性能上都是有充分保证的。现在公司正在搞促销活动，不仅价格优惠，还有赠品，现在买机会正好。”

就这样，这名客户逐步改变了对变频空调的错误认识，还在老李解说中，购买了变频空调。

任务二　处理客户异议

【情景重现】

洗耳恭听，化解怒气

重庆AC电话公司曾遇到过这么一件事情，公司的客户魏晓丽初涉商界，可并不顺利，然而业务电话却用了许多，收到电话账单后见到话费数额很大，明显超过以前，于是打电话给AC电话公司，对接听电话的人大发脾气，指责该公司敲她的竹杠。魏晓丽扬言要把电话线连根拔掉，还要到法院告状，并且真的一纸诉状告到了当地法院。

AC公司接到这一电话，初期认为魏晓丽是无理取闹，在知道她向法院告状时，经过分析之后，决定派一名干练的业务员充当“调解员”，去会见这位无事生非的客户。见面后，魏晓丽仍滔滔不绝地又说又骂，业务员却始终洗耳恭听连声说“是”，并不断地对魏晓丽所遇到的不顺表示同情，就这样，在几个小时内，让魏晓丽这位暴怒的客户痛快淋漓地发泄了一番。

如此这般，在一周内，业务员上门三次，经历了三次相同的会面之后，魏晓丽冷静了，并渐渐地友善了。最后，魏晓丽照付了电话账单上的费用，撤回了诉状，甚至有些不好意思。

讨论与交流：

1. AC公司的业务员是如何解决这次客户异议的？

2. 要是AC公司在一开始接到魏晓丽的投诉电话后，就及时采取应对措施，可能会是一种什么局面？

3. 从这一案例来看，如果你作为推销员，应该用什么样的态度来对待客户异议？

在处理客户异议之前，首先来了解一下异议处理的整个过程，如图 6-1 所示。

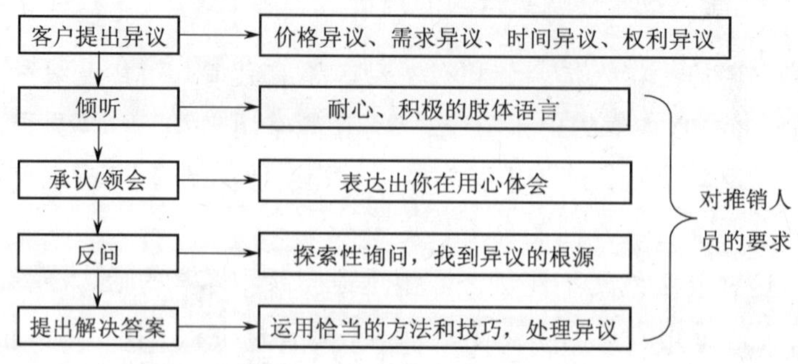

图 6-1　处理客户异议的过程示意图

对于客户异议，最好的办法是在它出现之前预防它。但这很显然不现实，也不可能。有经验的推销人员，总是善于在实践中寻找规律，总结经验，反复实验，从中找到在不同异议情况下，成功地处理客户异议的办法，形成自己独特的处理客户异议的技巧。对没有经验或是刚刚从事推销工作的新人而言，学习前人的推销技巧，借鉴前人的成功经验，并加以吸收消化，会极大地提高他们的销售业绩。

一、转化处理法的运用

转化处理法是指推销人员利用客户异议本身处理有关客户异议，即肯定其正确的一面，利用其积极因素，也称利用处理法。

转化处理法是一种有效的处理客户异议的技术，它的优点是推销人员正视客户的异议，在肯定客户异议的基础上进行转化，并不是回避异议，用客户的观点来说服客户，易于被客户接受，有一箭双雕的推销功效。但是它也有局限性，即推销人员直接利用与转化客户异议，会使客户产生一种被人利用与愚弄的感觉，可能引起客户的恼怒与反感，也会引起客户的失望或迫使客户提出新的更难处理的异议。

话术 6.5

客户："价格又涨了。"

推销人员："是的，价格涨了，以后可能还要涨，现在是购买的最佳时机。"

客户："我的小孩连学校的课本都没有兴趣，怎么可能会看课外读物。"

推销人员："我们的课外读物就是为激发孩子的学习兴趣而特别编写的。"

客户："我这个年纪买这么高档的化妆品干什么？我只是想保护皮肤，可不像年轻人那样要漂亮。"

推销人员："这种护肤霜的作用就是保护皮肤的，年轻人皮肤嫩，且生命力旺盛，用一些一般的护肤品即可。人一上了年纪皮肤不如年轻时，正需要这种高级一点的护肤霜。"

二、转折处理法的运用

转折处理法也称间接否定处理法，就是推销人员在客户提出异议后，先接受客户的观点，然后根据有关事实和理由，用转折的语气间接否定客户的观点，进而妥善地排除异议的一种方法。

转折处理法的基本公式是："您的看法有一定的道理……不过，（但是，如果）……"这样处理委婉诚恳，不伤客户的自尊，但也会带来一些问题，如削弱推销人员的说服力，使客户增加异议信心，严重时会令客户感到推销人员在玩弄技巧，回避问题，进而认为推销人员能力不够，推销产品不可靠。这种方法不适用于敏感、固执、个性强、具有理智型购买动机或探索型的客户。

推销人员运用这种方法时应注意：①选择好重新说服的角度，间接处理成功的关键在于避开客户异议后，应该从什么角度、以什么思维方式、用什么内容及重点重新展开推销说服；②围绕推销的新要点提供大量信息，增强说服力；③选择合适的转换词，讲究转换词的运用，应尽量做到语气委婉、转折自然。

话术 6.6

客户："这东西价格太高了。"

推销人员："你的意见是对的，我们的价格是比较高，但是人们都常说'好货不便宜，便宜没好货'，我们使用的是最好的材料……"

客户："这种款式童装我很喜欢，可惜布料太薄了，现在的孩子都很淘气，这种衣服恐怕穿不到两天就会破，一般人不会买的。"

推销人员："看到这套衣服的顾客都担心这个问题，这种布料看上去很薄，其实它是用一种高级纤维织成的，穿在身上轻盈、凉爽，而且耐磨力和抗拉力都相当好，顾客知道了它的优点就会喜欢的。"

客户："我对木制家具没兴趣，它们很容易变形。"

推销人员："您说得完全正确，如果与钢铁制品相比，木制家具的确容易发生扭曲变形现象。但是，我们制作家具的木板经过特殊处理，扭曲变形系数只有用精密仪器才能测得出。"

三、反驳处理法的运用

反驳处理法也称直接否定处理法，是推销人员根据较明显的事实与理由，直接否定客户异议的一种处理技术。反驳处理法的优势在于可以给客户一个简单明了、不容置疑的解答，可以增强客户购买商品的信心，但如果运用不好，会导致推销人员与客户之间的正面冲突。

这种方法适用于：①当客户提出有损企业形象与声誉的异议，且确实与事实不相符时；②当客户对企业的产品缺乏了解，存在偏见、误解、怀疑企业信用时，可直接对客户说"不"。

在运用反驳处理法处理客户异议时，推销人员应尽量避免直接与客户发生冲突，以免造成洽谈气氛的紧张，甚至激怒客户使其产生抗拒心理，导致销售失败。推销人员应注意：①反驳必须有理有据，如果推销人员在反驳中不能以理服人，其意见会被客户当作一种狡辩给予再次反驳；②反驳客户异议时，应始终保持十分友好的态度，维持良好的洽谈气氛；③在反驳客户异议过程中，应注意向客户提供更多的信息。

话术 6.7

客户："你的商品不行，你们那个地方的假冒伪劣商品全国有名。"

推销人员："我们公司的产品绝对是真货，这是国家质量鉴定书、产品许可证、营业执照……"

客户："这种分体式空调机只负责上门安装，却没说上门维修，坏了不知道怎么办？"

推销人员："您只是担心这一点吗？那么您尽可以放心，生产这种空调机的企业，在我市有特约维修服务部，随时可以上门维修、保养。您看商品说明书上都写明了维修服务部的地址和电话的。"

客户："这些颜料洗后会褪色。"

推销人员："不，不会褪色。让我给您看一看我们用了一年的产品，您会发现几乎没有褪色。"

四、补偿处理法的运用

补偿处理法是指推销人员利用客户异议以外的产品或服务的优点，来消除客户异议的处理方法，也称抵消处理法、以优补劣法。

推销人员使用这种方法应注意：①客户异议符合实际时，勇于承认；②及时提出产品的优点和利益，通过充分的证据让客户感到不足与优点相比是微不足道的，使客户达到心理平衡；③尽量淡化异议，强化补偿利益。

话术 6.8

客户："这个皮包款式、颜色都不错，就是皮质不够好。"

推销人员："你真是好眼力，这个皮包的材料的确不是最好的，否则价格恐怕要高30%以上了。"

客户："这个东西不错，只是就剩最后一件了，没得挑了。"

推销人员："最后一件质量也没有问题，如果你购买，可以打八折。"

客户："这批饼干还过两个月就过保质期了，我不要了。"

推销人员："这批饼干是一个老客户订购出口的，由于客户方面出了一些问题，没有履行合约，所以积压下来。这批货质量都很好，就是保质时间短，所以才打五折。"

五、询问处理法的运用

询问处理法是指将客户的异议转化为话题，要求对方回答，以了解客户的关键点和客户的真实需求的处理方法。

推销人员使用这种方法时应注意：①询问客户要及时，要随时了解客户的真实想法；②针对有关的客户异议进行询问，对次要的或无效的客户异议则不应该询问；③询问要适可而止，并注意尊重客户，不要使客户产生心理压力，更不应该把客户逼到山穷水尽的地步。

话术 6.9

客户："我觉得你们的产品不够好。"

推销人员："你觉得哪些方面不够好？"

客户："我希望价格再降 10%。"

推销人员："我相信您一定希望我们给你 100%的服务，难道您希望我们给的服务也打折吗？"

客户："我希望有更多的颜色可以选择。"

推销人员："我们已选择了五种最容易被客户接受的颜色了，难道您希望有更多颜色的产品来增加你库存的负担吗？"

六、冷处理法的运用

冷处理法是指客户提出的一些反对意见并非真实或无关紧要时，推销人员可以先不予正面回答，而是转移话题，一带而过的处理方法。客户的异议是多种多样的，对于那些与销售无关的、微不足道或虚假的异议，在不影响最终成交的前提下，推销人员可以采用沉默的态度或不予以回答。例如，推销人员拜访经销店老板，老板抱怨说："谢赫兹空调的广告为什么不找成龙拍，要是成龙的话，我早就向你进货了。"这时，不需要详细的解释，只需要微笑点头，认同就行。

推销人员使用这种方法应注意：①不理睬处理法只适用于处理无关的、虚假的异议；②应专心而认真听取客户提出的所有异议；③对于偏激、不近人情的异议，应保持清醒的头脑和宽大的胸怀，不与客户斤斤计较，不去辩驳是非曲直，有效控制自己的心理活动并保持良好的推销气氛。

话术 6.10

客户："你们公司生产的外墙涂料日晒雨淋后会出现褪色的情况吗？"

推销人员："您请放心，我们公司的产品质量是一流的，中国平安保险公司给我们担保。另外，您是否注意到东方大厦，它采用的就是本公司的产品，已经过去 10 年了，还是那么光彩依旧。"

客户："东方大厦啊，我知道，不过听说你们公司交货不是很及时，如果真是这样的话，我们不能购买你们公司的产品，它会影响我们的工作。"

推销人员："这是我们公司的产品说明书、国际质检标准复印件、产品价目表，这些是我们曾经合作过的企业以及他们对我们公司、产品的评价，下面我将给您介绍一下我们的企业以及产品。"

七、预防处理法的运用

预防处理法就是推销人员在客户尚未提出某些预知的异议时，抢先针对客户可能提出的异议进行处理的方法。这样可以使推销人员争取主动，先发制人，起到预防客户异议的作用。

推销人员使用这种方法应注意：①必须广泛搜集资料，做好充分的准备工作，及时观察客户的心理变化与行为反应，以免使其失去购买信心；②必须强化自己提出的异议，以防止客户提出新的异议；③应注意说话的措辞，如可以说："有人认为……" 而不是说："你可能会……"。

话术 6.11

推销人员："新手术衣在手术室中能够保持凉爽，拥有足够的透气空间。我们从未听到手术衣在手术室中太热的抱怨。我可以提供给您几家可证明这一事实的医院。"

推销人员："您不久就会看到，我们的产品全是与众不同的黑色包装，我们之所以选择黑色包装有许多原因，下面我将向您详细说明。"

推销人员："可能有人认为这个产品的颜色不太鲜艳，其实这种颜色看上去耐旧，同时也比较耐脏，您看是吗？"

以上处理客户异议的方法和技巧，有待推销人员在实践中灵活运用，并不断创新，不断完善。找到适合自己的，才是最好的。

【项目小结】

1. 客户异议是指推销人员在推销过程中所遇到的各种阻力，即客户的反对意见。在推销过程中，客户有异议是很正常的，这既是成交的障碍，也是成交的信号，同时也是推销人员获取信息的重要途径。

2. 常见的客户异议有需求异议、产品异议、价格异议、购买时间异议、财力异议、货源异议、权力异议和推销人员异议等类型。对于客户异议，推销人员要有正确的认识，并把握正确处理客户异议的原则和方法。

3. 处理客户异议的方法和技巧有：转化处理法、转折处理法、反驳处理法、补偿处理法、询问处理法、冷处理法、预防处理法等，推销人员可灵活地运用这些方法技巧，化解异议，促成交易。

项目综合训练

1. 小黄为一家公司推销新型打印纸时，一般客户还没听说过这种产品，虽然该公司产品的质量人人信得过，但消费者用惯了其他品牌的打印纸，谁都没兴趣为买这点小东西而多跑几家厂，多比几家货。

小黄最初上门推销时，除了一个客户正巧旧的打印纸用完，为了偷懒不去商店才买了小黄的打印纸以外，其余的客户都摇摇头说："我们不需要。"

"我可以用一下您的打印机吗？" 第二天，小黄来到客户办公室寒暄之后，第一句话就这么问。

客户怔了怔，便点了点头："当然可以。"得到了允许，小黄就把自己带来的打印纸放到打印机里，然后在计算机前面坐了下来，在屏幕上输入这么一行字："您用普通打印机，能打出这么清晰的字吗？"接着便发出了打印命令。

小黄从打印机上取下打印纸给客户看："您不妨把它跟您用的普通打印纸比较一下。不用多说，您就会相信我们的新型打印机纸一定适合您。"客户仔细地比较了一番，非常信服地看着小黄："你们的质量的确一流。"说完后，爽快地向小黄订购了一批为数不小的新型打印纸。

以后几天，小黄满怀信心地来到前些天说不需要的客户那里，也用同样的办法推销。结果客户都纷纷愿意购买新型打印纸。

问题讨论：

（1）小黄最初上门推销时，碰到的是哪一类客户异议？

（2）小黄是如何处理异议的？

2. 一个 40 岁左右的中年人带着自己的母亲来买砖，两个人在展厅里一边走一边看，这时候儿子接了一个电话，大娘就一个人在那里看砖。老大娘走到一款"晶花芙蓉"产品面前停住了，很长时间没走开。这时候导购员走上去说："大妈，您非常喜欢这一款，是吗？"

大妈："是的，就是太贵了。"

导购："大妈，我想您和我妈一样，一辈子全为儿女了，没用过自己舒心的东西。把自己喜欢的东西买回家，自己天天看着就舒服，这人一舒服就能多活十几年。您儿子还真孝顺，他买砖还把您带上一块儿来，不就想让您自己拿主意，买您老人家看着舒服的东西嘛。我看您儿子现在也不缺这几个钱。"

这时候，老人的儿子打完电话走过来。

导购："这位大哥，您妈妈非常喜欢这一款，您看？"

中年人看了看那款砖，又看了看自己的母亲，老人眼中没有反对的眼神，接着看了看砖的标价牌。

中年人："贵了点。"

老大娘似乎不悦，但没说什么话。（场面似乎有点尴尬）

导购："大哥，我们到那边坐一下，怎么样？"

导购和那位中年人走到休闲区坐了下来，另外一个导购倒了一杯水，递给老人。

导购："大哥，我觉得买这一款可以。大妈看上一件东西不容易，她既然看上了，这砖铺到家里她就看着心里舒服，老人家心里舒服，一家人心里都舒服，老人要心里不舒服，一家人心里都会跟着难受。大妈心里舒服就少生病，老人健康，我们做儿女的就少担心，少担心就能集中精力做我们自己的事。说句不好听的话，老人哪天不在了，这不都是咱的。"

中年人看了一眼还在原来地方看产品的母亲。

中年人：……

导购走到前台，拿过来一张合同。

导购："大哥，您贵姓？"

中年人："免贵，我姓李。"

导购："留一个您的手机号码吧？"

中年人：××××××××××××

导购："您看我们什么时候可以送货？"

问题讨论：

（1）导购在推销的时候遇到了什么异议？

（2）他是如何处理这个异议的，结果如何？

3. 小张是某零售商店的推销员。一个星期五的早晨，发烧友孙先生进走店里，告诉小张说他正在寻找新式音响，希望要购买一部价格在 5 000～8 000 元的音响，并且看上展示架上那一部标价 6 780 元的音响。

在小张把这一部音响的优点详细向孙先生说明之后，孙先生问道："这种型号的音响最优惠的价格是多少钱呢？"

小张立刻回答："算你 6 500 元吧！"孙先生决定购买了，并立刻在订单上签名并付款。他在感谢孙先生的惠顾之后，随即走进仓库里去取货。

大约过了一分钟，小张回到柜台，以下是他们两个人的谈话。

小张："孙先生，非常抱歉，您所要的那种型号已经没货了，本公司设在巴南的零售商店可能还有货，该店距此只不过 15 公里，您愿意到那里去买吗？"

孙先生："我没有时间到那里去，可以请商店的人送过来吗？"

小张："今天恐怕没有人可送过来，下星期一我们会补足您所要的货，到时您就可以在这里买到了。"

孙先生："真不巧！我今天一定要买到，因为明天晚上我要举办一个晚会，希望有一部崭新的音响，为何你们偏偏缺少了我所看上的那一部音响呢？"

小张："非常抱歉，我没有注意到我们店里已经没有那种型号的音响了。"

孙先生："这不是您的错，但是我感到很遗憾，我可以到其他地方买到功能类似的音响。真扫兴，请您把订单取消，把钱退还给我。"

问题讨论：

（1）当孙先生提到"最优惠的价格"时，小张立刻降低音响价格，您对他这种降价方式有何感想？除了降价之外，还有哪些方法可用呢？

（2）孙先生要取消订单，退回货款，这是因为什么异议？此时小张应该怎么办？

实 训 项 目

1. 课内模拟演练

假定你是某公司的推销员，试设定你推销的一种产品，完成下列练习。

（1）列出客户可能向你提出的三个异议。

异议一：

异议二：

异议三：

（2）选择不同的方法分别处理上述所列的三个异议。

方法一：

方法二：

方法三：

（3）为每个异议的处理写出你与客户之间的对话。

客户异议一：

你的回答：

客户异议二：

你的回答：

客户异议三：

你的回答：

2．课外实战训练

（1）将班级同学分成若干小组，每小组推销一种小商品（如签字笔、饮料、生活小用品等，可以到当地批发市场上购买一些，量不要大，重点放在推销体验上）。

（2）推销地点可以选择在校园内、校门口或到附近的居民区实行上门推销。

（3）实训时间集中在双休日，推销时间为半天左右。

（4）各小组完成项目后写出总结，全班交流经验。

项目七

项目促成交易

➲ 能力目标

1. 能够根据客户体现出来的成交信号，及时促成交易
2. 能够面对不同的客户运用恰当的推销方法，达成交易

➲ 知识目标

1. 掌握成交信号的种类和形式
2. 熟悉并掌握推销成交的方法与技巧

➲ 训练重点

1. 推销成交信号训练
2. 推销成交方法训练

【情景模拟】

尝试促成

同学们分成若干组，每组每人向同组内的其他同学推销某一商品或服务，在处理完所有同学提出的异议后，尝试促成交易。

讨论与交流：

对于推销人员提出的促成请求，客户的反应是什么？该如何进行有效促成？

任务一 捕捉成交信号

【情景重现】

成功推销纸张粉碎机

一个办公用品推销人员到某局办公室推销一种纸张粉碎机。办公室主任在听完产品介绍后开始摆弄起这台机器，并自言自语道："东西倒很实用，只是办公室这些小青年，毛手毛脚，只怕没用两天就坏了。"推销人员一听，马上接着说："这样好了，明天我把货送来时，顺便把纸张粉碎机的使用方法和注意事项给大家讲一下。这是我的名片，如果使用中出现故障，请随时与我联系，我们负责上门修理。主任，如果没有其他问题，我们就这么定了吧？"

讨论与交流：

1. 推销人员为什么这么快就达成了交易？
2. 如果你是办公室主任，你会接受这个条件吗？

成交信号，就是客户接受推销人员的劝说之后，从语言、表情、行为等方面表现出打算购买的暗示或者提示。在实际推销工作中，客户为了保证自己在提出的交易条件取得谈判上的心理优势，一般不会首先提出成交，更不会主动提出成交。但是客户的购买意向总会通过各种方式表现出来，有时这种意识是下意识发出的，客户自己也许并没有强烈地感受到，或不愿意承认自己已经被说服，但他们的语言和行为会告诉推销人员可以和他成交了。

如果客户已经表现出购买欲望，但推销人员没有察觉，仍然在对产品进行介绍，就有可能造成成交机会丧失。因此，推销人员必须善于观察客户的语言、表情、动作和行为，及时捕捉稍纵即逝的购买信号，并抓住时机，采取适当的成交方法，及时促成交易。客户表现出来的成交信号有很多种，主要有语言信号、行为信号、表情信号和事态信号。

一、语言信号

语言信号是客户购买意愿最直接、最明显的表现形式，也是最易被推销人员察觉的。如果客户询问使用方法、价格、保养方法、使用注意事项、售后服务、交货期、交货手续、支付方式、新旧产品比较、竞争对手的产品及交货条件、市场评价等，推销人员应该从客户有意无意流露的赞叹、喜欢、夸奖、信任、请教、询问等言谈话语中，捕捉到成交的信号。

1．客户的询问

客户不断地询问交货时间、付款条件、产品质量、价格、售后服务、促销政策等，说明他们已经有购买意向，这是明显的成交信号。

2．客户的措辞

客户不断地认同推销人员的看法，如“多少钱？你们什么时候送货？你们那儿有没有红色的？”，“嗯，这种产品不错”，“我挺喜欢这个款式”等。这时推销人员要有一定的敏感能力，从客户的言谈话语中体会其真实的感觉。

3．客户提出的问题和异议

客户会对某一点表现出浓厚的兴趣，如客户会提出产品的价格问题（性价比、与同类产品的差异）或询问产品的使用方法，不断请教使用中应注意的事项、退换货政策等，这都是客户真正想购买时所发出的一些信号。

常见的客户购买的语言信号，见表 7-1。

表 7-1　常见的客户购买语言信号

客户语言信号	推销人员的话术
“这种产品的销售情况怎么样？”	“这是我们这里销售最好的，您就要这个吗？”
“这个产品的最低折扣是多少？”	“我刚才跟您说的已经是最低折扣了，您觉得怎么样？”
“你们将如何进行售后服务？”	“我们的售后服务是……，你觉得满意吗？”
“可以退货吗？”	“我们执行的是国家的‘三包’政策，你完全可以放心。”
“还有更详细的资料吗？”	“当然有（马上给客户拿资料），您仔细看看。”
“我想问一下妻子的意见。”	“您妻子一定同意您的眼光。”
“可以分期付款吗？”	“可以的，我可以带您去办理 抱歉，不过您可以采用其他付款方式。”
“我想看一下合同的条款。”	“没问题，您看如果没有问题的话，就在这里签字。”
“我以前买的××牌太费电。”	“喔，但是我们的产品很省电。”
“听起来挺有趣的。”	“您可以亲自来体验一下。”
“可不可以被用来……”	“当然可以，您可以将它拿来……/可能不行，但是您可以……”
“好多钱！”	“我会给您最优惠的价格，您放心吧，就××元吧！”

二、行为信号

客户的购买意向还会通过体态、动作表现出来，主要是一些身体语言或动作，如客户仔细看说明书、要求推销人员展示样品、亲手触摸、试用产品、身体自然前倾，这些都是购买行为信号。

当客户听了推销人员的说明或介绍后频频点头，是同意的信号；客户表现得很轻松，并能专心倾听推销人员的说明和介绍，是对推销人员和所推销的产品有好感的信号；客户专心研究样品和阅读有关资料，比较各项交易条件，是明显的成交信号。

常见的客户购买的行为信号，见表7–2。

表7–2　常见的客户购买的行为信号

客户行为信号	推销人员应对策略
拿起商品认真地观察或操作	向客户讲解操作方法
重新回来观看同一种商品	询问客户："您觉得这个商品怎么样？"
表示愿意先试试商品	可让客户试试商品
开始注意或感兴趣	开始解说客户关注的商品
反复翻看价格单	询问客户："您看中哪款商品了？"
不再发问，若有所思	等待客户思索结果，不要打搅客户
同时索取几个相同商品来比较、挑选	向客户分别说明商品利益，给客户建议
不停地把玩、爱不释手	建议客户购买："这个商品非常适合您。"
关注推销人员的动作与谈话	继续为客户解说商品
翻阅商品说明书和有关资料	根据资料向客户解说
查看商品有无瑕疵	对客户说："我们的产品质量很好，请您放心。"
不断地观察和盘算	不要打搅客户，等待客户询问
态度友好	继续为客户解说商品
突然变得轻松	询问客户是否有决定："您定下来了吗？"
突然叹气	询问客户："您还有什么疑虑吗？"
突然放开叉抱在胸前的手	询问客户："您想好了吧？"
身体前倾或后仰，变得松弛起来	对客户说："您好像已经决定了。"

三、表情信号

客户的面部表情表现出来的购买信号，如微笑、点头、眼光发亮、面露兴奋神情、盯着商品思考、对商品表示关注等，这些信号反映了客户的心情与感受，通常比较微妙，推销人员要善于观察。

常见的客户表情及要表达的含义，见表7–3。

表7–3　常见的客户表情及其含义

表情	具体表现	表达的含义
目光	客户集中看某一产品或者产品的广告、说明书，或者凝视某一商品思考	说明客户对该产品感兴趣，或者产生购买意向
笑容	客户脸上露出赞许的微笑	暗示客户有购买意向
态度	面部表情"由阴转晴"	暗示客户开始注意产品并对产品产生兴趣，表示客户可能有成交的意向

四、事态信号

除了上述这些购买信号外，还有其他的一些事态信号也会显示出客户的购买意愿。常见的事态信号，见表 7-4。

表 7-4　常见的事态信号

事 态 信 号	具 体 表 现	表达的含义
客户询问周围人的意见	“你们看如何？”“怎么样，还可以吧？”	说明客户心中已经认同的该商品
客户突然开始砍价或挑剔商品	看似反对，其实是客户认同商品后的习惯性做法，谁都想买到物美价廉的商品	客户已经决定购买，即使推销人员不降价，客户最后也会购买
客户开始褒奖其他品牌的商品	褒奖其他品牌的优势和好处	表示客户看好商品，又想获得更多的优惠
客户表现出友好和客气的态度	“你真是个不错的推销员”“你对商品挺熟悉的”	客户已经准备购买该商品了

总之，推销人员应该密切注意客户所说的和所做的一切，千万不要忽视了客户的购买信号，只要听到或看到了一种购买信号，就应该抓住时机，及时向客户提出成交的请求，以免失去最好的促成交易的机会。

任务二　促 成 交 易

【情景重现】

一次成功的推销

推销员：“你要买一部苹果公司的手机，对吗？”

客户：“对。”

推销员：“你全面了解这个型号的手机，对吗？”

客户：“是。”

推销员：“你决定就要这个型号的手机，是吗？”

客户：“是的。”

推销员：“这部手机性能好，功能又齐全，价格也适中。苹果公司的产品质量是绝对可以放心的，你要的不就是这样的吗？”

客户：“是的。”

讨论与交流：

1. 这位推销员使用的是什么成交方法？
2. 试列举其他的可以使用的成交方法。

在确定客户产生购买欲望后，推销人员可以直接建议客户购买。推销人员可以利用正在实施的促销策略、可向客户提供的赠品，向客户说明其所得的实惠之处，或者认真向客户比较同类产品，促使客户认识到该产品的优越之处，促使客户下定购买决心。

买卖双方经过讨价还价相互磋商，彼此针对交易条件达成一致的成果，即为成交。推销人员要根据具体情况，适当地应用相应的成交方法和技巧促成交易，实现最后的成交，从而顺利地完成销售任务。

一、假定成交法

假定成交法是指推销人员假定客户已经接受了他的推销建议，在同意购买的基础上直接要求可以购买推销品的一种成交方法。这是一种基本的成交技巧。

假定成交法建立在“客户会购买”的假设基础之上，推销人员以此为出发点，逐步展开各种推销活动，一旦获得进展，就可以向客户提出成交请求。因为推销人员认为客户具备了“有心购买”“有钱购买”和“有权购买”三个有力的成交条件，这样就坚定了推销人员成交的信心。同时，推销人员的自信心又会增强客户的购买信心，缓解客户的心理疑虑，增强客户的购买意愿。

话术 7.1

“张总您看，假设有了这样设备以后，你们是不是省了很多电，而且成本也有所降低，效率也提高了，不是很好吗？”

“您手上的这支很适合您的年龄和肤色，来，我替您装好。”

“您如果方便的话，我们现在就把货给您送上门去。”

假定成交法的优点是直接将客户带入购买阶段，节省推销时间，效率高。由于没有直接要求客户购买，将推销提示转化为购买提示，适当减轻了客户的成交压力，加大成交的可能性。但它也有一定的局限性，以推销人员的主观假定为基础，不利于客户作出自由选择，甚至会令客户产生反感情绪，破坏成交气氛，不利于成交。所以，推销人员在使用这个方法时，要注意以下问题:

1. 适当地使用假定成交法

推销人员应在确定客户对产品没有重大怀疑及异议，确信客户有购买意向时才能使用这种方法，否则会弄巧成拙，不利于客户异议的进一步解决。

2. 有针对性地使用假定成交法

推销人员要善于分析客户，根据不同情况有针对性地使用这种方法。一般来讲，对依赖性强、性格比较随和的客户以及老客户，可以采用这种方法，对那些自我意识强、过于自信的客户，则不宜采用。

话术 7.2

推销人员："以车身的颜色来说，您喜欢灰色的还是黑色的？"

客户："嗯，如果从颜色上来看，我倒是喜欢黑色的。"

推销人员："选得不错！现在最流行的就是黑色的！那么，汽车是在明天还是在后天送过去呢？"

客户："既然要买，就越快越好吧！"

推销人员："那么明天就送货吧。"

二、二择一法

二择一法是指推销人员直接向客户提供一些可供他们选择的两个购买决策方案，并要求客户从中作出选择的成交方法。

二择一法是假定成交法的应用和发展，即推销人员在假定成交的基础上，向客户提出成交决策的必选方案，客户不是在买与不买之间选择，而是在购买数量、交货日期、产品规格、颜色、包装、样式等方面作出选择。客户无论作出何种选择，导致的结局都是成交。

话术 7.3

"请问，您是要这两台中的哪一台呢？"

"请问，您买一件还是两件？"

"豆浆您要的是加两个蛋呢，还是加一个蛋？"

"我们星期二见还是星期三见？"

从表面上，二择一成交法把成交的主动权交给客户，而实际上，客户掌握的只是选择权，无论最终的答案是哪一个都是成交的结果。

二择一成交法的优点是：调动客户决策的积极性，控制决策的范围；可以减轻客户的心理压力，制造良好的成交氛围；巧妙地避开客户"要还是不要"问题，而让客户回答"要哪一个"的问题。但是，推销人员应该注意尽量避免提出太多的方案，这会使客户拿不定主意，影响成交的迅速进行。可见，二择一成交法的关键是要把握好客户的购买意向，为客户提供适合他们需要的选择方案，从中作出一种肯定的回答，不给客户以拒绝的机会。

有两家卖粥的小店。左边这家和右边那家每天的客户相差不多，都是川流不息，人进人出的。然而晚上结算的时候，左边这家的营业额总是比右边那家多出上百元。天天如此。于是，我走进了右边那个粥店。

服务小姐微笑着把我迎进去，给我盛好了一碗粥。问我："加不加鸡蛋？"我说加。于是她给我加了一个鸡蛋。每进来一个客户，服务员都问一句："加不加鸡蛋？"也有说加的，也有说不加的，大概各占一半。

我又走进左边那个小店。服务小姐同样微笑着把我迎进去，给我盛好了一碗粥。问我：

"加一个鸡蛋，还是加两个鸡蛋？"我笑了，说："加一个。"

再进来一个客户，服务员又问一句："加一个鸡蛋还是加两个鸡蛋？"爱吃鸡蛋的就要求加两个，不爱吃鸡蛋的就要求加一个。也有要求不加的，但是很少。一天下来，左边这个小店就要比右边那个多卖很多鸡蛋。

给别人留有余地，更要为自己争取尽可能大的领地。只有这样，才会于不声不响中获胜。

三、小点成交法

小点成交法又称避重就轻成交法，是推销人员通过次要问题的解决来间接促成大的交易的一种成交方法。小点是指次要的、较小的成交问题。

从客户的购买心理分析，客户对重大的购买决策往往心理压力较大，较为谨慎，担心有风险而造成重点损失，导致难以决断，特别是在交易金额较大时。而对于较小的成交决策，客户心理压力会比较小，会较为轻松地接受推销人员的引荐。小点成交法正是推销人员利用客户这一心理活动的规律，避免直接提出重大的、客户比较敏感的成交问题，而是先让客户在"小点"方面作出决策，再就"大点"方面达成协议，从而促成交易实现。

话术 7.4

"关于产品安装问题您完全可以放心，我们有专业的安装人员为您安装调试，如果没有其他问题，那就这样决定吧？"

小点成交法的优点在于推销人员采取了先易后难、逐步推进的方法，避免直接提出成交的敏感问题，可以减轻客户成交的心理压力，为推销人员提供了与客户周旋的余地，既可以主动进攻，又可以为自己留有退路，非常灵活。当利用较小的交易问题提示客户成交时，如果被拒绝，还可以继续利用其他的次要问题继续进行尝试。它的局限性是可能分散客户的注意力，引起客户的误会，产生纠纷，使客户失去购买信心，因此推销人员不要盲目地进行成交尝试。

四、机会成交法

机会成交法是指推销人员直接向客户提示最后成交机会而使客户立即购买推销品的一种成交方法。推销人员通过提出成交机会，向客户提示"机不可失，时不再来"，给客户施加一定的压力，使客户感到应该珍惜时机，尽快采取购买行动。

话术 7.5

"目前这种商品供不应求，这是领导让我们留给老客户的，如果您现在买，还可以卖给您一些。"

"这种商品价格上涨得很快，你们趁还没有提价赶快购买。"

"这种车型的汽车非常好卖，这一辆卖出去以后，我们也很难进到同样的汽车了。"

"由于原材料需要进口，这批货卖完后，可能要很长的时间才有货。"

机会成交法的优点是强调购买机会的重要性，能吸引客户的成交注意力，增强成交的说服力和成交感染力，从而打动客户，促成交易的实现。推销人员使用这一方法时应注意以下几点：

（1）强调成交机会的千载难逢，失去机会等于失去更多的利益。

（2）直接向客户提示成交机会，诱发客户的购买动机，刺激客户对推销品急切的占有欲望，以促使客户立即采取购买行动。

（3）选择和利用的机会一定要属实，不能欺骗客户，应该让客户认识到推销人员所提示的最后机会是在向他提供重要信息，目的是帮助客户作出理智的决定。

（4）应将一切可以利用的机会牢记在心，不失时机地加以利用。

五、优惠成交法

优惠成交法又称让步成交法，是推销人员通过向客户提供优惠条件而促使客户立即购买的一种方法。优惠成交的条件主要是价格折扣，此外还可提供赠品、试用、回扣、设备安装、人员培训、以旧换新等。

话术 7.6

"先生，本来我们的促销活动规定买三件才赠送一份礼品，不过如果您现在购买的话，买两件我们也可以赠送您一份，请您给我们多宣传，多带朋友来惠顾。"

"张总，我们这一段时间有一个促销活动，如果您现在购买我们的产品，我们可以给您提供免费培训，还有三年免费维修。"

优惠成交法与机会成交法结合起来运用，更能增强对客户的刺激强度，增加客户的购买冲动，使客户迅速下定购买决心。这种方法对已经明显表现出购买信号，且对价格较为敏感的客户效果更好。推销人员在给予特别优惠时，必须谨慎行事，否则可能会使客户对产品价值产生怀疑，达不到预期的效果。

六、请求成交法

请求成交法又称直接成交法，就是直接向顾客提出若干购买的方案，并要求顾客选择购买的方法。这种方法直接而简单，是推销人员常用的一种成交技术。

请求成交法可以迅速地促成交易，充分利用各种成交机会，节省时间，提高推销效率，体现推销人员灵活机动、主动进取的精神。

通常在以下时机可以选择使用请求成交法：

1．面对老顾客

因为推销人员与老顾客比较熟悉，双方无需多费口舌，而且由于双方具有良好的人际关系，老顾客大多不会拒绝购买建议。在这种情况下，推销人员可一边打招呼一边提出成交建议。

2．推销人员知道顾客对推销品产生好感

推销人员明确知道顾客对推销品产生好感，已有购买倾向，但一时又犹豫不决，拿不定主意时，也可以用直接请求成交法，来促使顾客实施达成交易的行为。

3．促使顾客集中思考购买问题

当需要促使顾客集中思考购买问题时，也常用直接请求成交法。例如，推销人员回答完顾客异议后，可以直接提出："没有问题了吧，什么时候给您送货？"很明显，这种直接请求并不意味着马上成交，而仅仅是将顾客的思路引导到成交上面来。

4．顾客提不出新的异议时

当顾客已经提不出新的异议，想买又不便主动开口时，推销人员就可以用直接请求成交法，以节约时间，结束推销过程。

话术 7.7

"来啦，最近买卖不错吧？这次打算进多少货？"

"先生，那我就给您开单了。"

"小姐，请您到那边去结账，好吗？"

"没有其他问题了吧？什么时候给您送货？"

七、从众成交法

从众成交法又称排队成交法，是指推销人员利用客户的从众心理，促使客户立刻购买推销品的一种成交方法。

使用从众成交法的时机：当一名推销人员看到客户的表情不是很愉快时，要强化客户的信心，推销人员应该技巧性地、适时地采用从众成交法。

从众成交法的优点：可以减轻客户所担心的风险，尤其是新客户；增强推销人员的说服力，使推销人员在销售洽谈中处于主动地位。

从众成交法也可能引起客户的反从众心理，产生"别人用得越多，我就越不想要"的心理。因此，从众成交法适合于具有时尚程度的商品，以及适合于推销对象具有从众心理的商品。

话术 7.8

"对不起，这种商品现在缺货，明天才能进到货，要不等进到货时，我先帮您留一件，否则又没货了。"

"先生，这是今年最流行的款式，销售得特别火爆，还不来一件？"

"王总，我们厂生产的这种产品受到了客户的普遍好评，十分畅销，大多数商店都进了我们的货，您看这是近几天的订单，有全国十几个省、市、自治区来订货，还有国外的订单……”

“您看，这种新产品非常受欢迎，购买它的顾客非常多。”

“王经理，这种冷热饮水器目前在一些大城非常流行，特别适合大公司的办公室使用。既方便、实用，又能增添办公室的豪华气派和现代感。像与贵公司齐名的大宇公司、中天公司等，办公室里都换上了这种饮水器。”

“这是今年最流行的机型，我们一天就卖一百多台，请问先生什么时候要货？”

八、保证成交法

保证成交法是指推销人员直接向客户提出成交保证，使客户立即成交的一种方法。所谓成交保证就是指推销人员对客户所允诺担负交易后的某种行为。

保证成交法适合在这样的情况下使用：产品的单价过高，缴纳的金额比较大，风险比较大，客户对此种产品并不是十分了解，对其特性质量也没有把握，产生心理障碍成交犹豫不决时，推销人员应该向顾客提出保证，以增强信心。

运用保证成交法可以消除客户成交的心理障碍，增强成交信心，同时可以增强说服力以及感染力，有利于推销人员妥善处理有关成交的异议。

话术 7.9

“您放心，这个机器我们 3 月 4 日给您送到，全程的安装由我亲自来监督。等没有问题以后，我再向总经理报告。”

“您放心，您这个服务完全是由我负责，我在公司已经有五年的时间了。我们有很多客户，他们都是接受我的服务。”

“小姐，请您放心。这台洗衣机我们明天上午就送到您家，全程的安装由我亲自监督，如果使用时遇到什么问题，您随时给我们打电话，保证在24小时内帮您处理好。”

推销人员运用保证成交法时的注意事项：

（1）应该看准客户的成交心理障碍，针对客户所担心的几个主要问题直接提示有效的成交保证的条件，以解除客户的后顾之忧，增强成交的信心，促使进一步成交。

（2）根据事实、需要和可能，向客户提供可以实现的成交保证，切实地体恤对方，推销人员要维护企业的信誉，同时还要不断地去观察客户有没有心理障碍。

成交环节中最易犯的十种错误

（1）因过程太长而未能实现成交。顾客是各种各样的，许多顾客并不都需要一个完整的推销展示过程，所以当顾客已经表示“买”时，推销人员仍然按部就班地进行推销展示就是多余了。

（2）有不正确的认识倾向。如果推销人员对自己或所推销的产品心存疑惑，顾客也会感受到，因而有可能拒绝购买。

（3）每次拜访没有提出成交请求。成功的推销人员认为，应当使每次拜访都表现出为实现成交而做。

（4）“老一套”要失效。推销人员应有意识地促使自己学习和使用一些新颖的成交意向表达方式。应当知道，如何提出成交请求，是一种技术，它可以不断改进提高。

（5）推销展示做得不充分。推销人员要想实现成交，应确保顾客明白你的产品或服务的优点是什么。

（6）未能持续努力。作为推销人员，如果在听到第一次“不”之后就泄气了，你也将成功的可能性束缚了起来。

（7）确定成交的时间过长。所有有经验的推销人员都听说过有关成交之后又停止的事。所以一旦成交，推销人员应在感谢顾客之后立即离开。

（8）缺乏演练。与同事进行演练，是提高请求成交技巧的一个好办法，也可以在与小业务往来客户的交往中锻炼，这样可有效地控制推销损失和获得有价值的销售经验。

（9）没有选择方法。推销人员应该在心中留有一个或更多的选择方案，针对不同的顾客用不同的方法。

（10）未见兔子先撒网。推销人员不应该指望每次推销展示都能进入到提请成交的层次。记住，除非获得订单，否则你什么也没做成。

【项目小结】

1. 成交信号，就是客户接受推销人员的劝说之后，从语言、表情、行为等方面表现出打算购买的暗示或者提示。具体包括语言信号、行为信号、表情信号和事态信号。

2. 推销人员应运用适当的成交方法和技巧，促成交易的实现。促成交易的技巧有：假定成交法、二择一法、小点成交法、机会成交法、优惠成交法、请求成交法、从众成交法、保证成交法。

项目综合训练

案例分析

1. 王云是一个生产工业仪表的公司的推销员，他正在访问其购买者张鹏，希望他能使用自己推销的仪表。王云刚和购买者讨论完产品的特色、优点和利益，也说明了公司的营销计划和业务开展计划，他感觉到快要大功告成了。以下是他们二人的对话：

王云：“让我来总结我们曾经谈到的。您说过您喜欢由于快速修理能节省费用，您也喜欢因我们快速的反应而节省的时间，还喜欢我们的服务实行三年担保。是这样的吧？”

张鹏：“是的，大概是这样吧。”

王云：“张鹏，我提议让人到您那里去修理这些仪表，您看是让我的人星期一来呢，还是别的什么时候？”

张鹏："不用这么快吧！你们的仪表到底可不可靠？"

王云："张鹏，非常可靠。去年我们为 A 公司做了同样的服务，至今为止我们都未因质量问题而返回修理，您听起来觉得可靠吗？"

张鹏："我想还行吧。"

王云："我知道您经验丰富、富有专业性，而且您也认同这是一个正确的、有益的服务，让我安排一些人来，您看是下星期还是两周内？"

张鹏："我还是拿不定主意。"

王云："一定有什么原因让您至今犹豫不决，您不介意我问吧？"

张鹏："我不能肯定这是否是一个正确的决策。"

王云："就是这件事让您烦恼吗？"

张鹏："是的。"

王云："只有您对自己作出的决策充满自信，您才可能接受我们的服务，对吧？"

张鹏："可能是吧。"

王云："张鹏，让我告诉您我们已经达成公式化的地方。由于能够节省成本，您喜欢我们的在线修理服务；由于能得到及时地渗透维修，您喜欢我们快捷的服务回应；而且您也喜欢我们训练有素的服务人员及对服务所作的担保。是这些吧？"

张鹏："没错。"

王云："那什么时候着手这项工作呢？"

张鹏："王云，计划看起来很不错，但我这个月没有钱，或许下个月我们才能做这项工作。"

王云："没有问题，张鹏。我尊重您在时间上的选择，下个月 5 号我再来您这里，确定维修工人动身的时间。"

问题讨论：

（1）王云使用了哪些成交方法？

（2）王云是否应该再次提出成交？为什么？

2. 元旦假期，一对老夫妇在商场的拐角处看到一位时装模特披着一件非常好看的毛皮大衣，两人停下来在欣赏。摸弄着那件漂亮的毛皮大衣，妻子还抓住毛皮大衣的袖口查看标签。这时，一位女推销员走过来凝望了一下那位妻子，很快说："夫人，这是一件非常好的大衣吧？"妻子说："当然了。"推销员说："夫人一定只看了价格标签啊，我把看什么地方好的方法教给您。"说罢已撩开大衣里子："请看这个××商标，真正的名牌。这件大衣用料好，做工细，且款式很久都不会过时。它可是又美观、又暖和。"接着，她从时装模特身上取下那件大衣说："请试穿一下，看看大小是否合适，其他尺码的我们也有，不过我看这个尺码的最适合夫人的身材。"

妻子轻松地披上那件大衣，丈夫左瞧瞧右瞧瞧地审视着。推销员说："先生觉得怎么样？夫人穿上去显得华贵大方吧。这种大衣无论怎样说，高贵的夫人穿起来都很美观得体。"稍停顿了一下，她接着说："别以为这件毛皮大衣贵，比买呢大衣还合算。"说完，她表情充满微笑地望着那位先生，手在轻轻地抚摸着大衣的毛皮。此时，妻子也把目光投向丈夫，丈夫连声说："不错、不错。"推销员又一边看着那位夫人，一边说："夫人，您真幸运，许多夫人光顾这里都对这件大衣感兴趣，不幸的是，他们的丈夫不像您那位那样与您和谐一致，没有人把这件非常漂亮的大衣给夫人买下来。"

结果可想而知，丈夫决定买下这件毛皮大衣给妻子作为新年礼物。

问题讨论：

（1）案例中的推销员用了什么促成交易的方法？

（2）你从案例中能得到什么启示？

3. 仔细阅读材料，分析材料中用到了哪种促成交易的方法，写在材料后的横线上。

（1）客户："你也不要来了，这不有您的名片吗？上面有你的电话和手机，等我考虑好我打电话通知你，我不买则已，买肯定找你买，省得你跑前跑后，浪费你的宝贵时间。"

推销员："谢谢你！你真会替我考虑，你一定不要介意，推销保险是我的工作职责，能为你送去一份保障是我的幸福，你看通过我的多次来访和介绍，你也深切地感受到保险的好处和意义，你也的确想为您的家人购买一份合适的保险，同时你也认可了我这个推销员。从我们保险专业的人士来讲，保险越早做越合适，为什么这样讲呢？一是风险无处不在，'天有不测风云，人有旦夕祸福'，保险可以等，风险可以等吗？一旦风险降临在你我的头上，到那时后悔就来不及了。二是你既然已经决定购买保险为什么还要等呢？要知道买保险它也是一种投资，同时也为了你的家庭建立一份未来的风险保障，它是一种变相的储蓄，是在帮助你聚财、理财、生财，有人说：'科学理财，财源滚滚，你不理财，财不理你。'你从我这办理了一份保险，就是让财气伴随着你，幸福围绕着你，风险避开你，厄运让开你，爱心呵护着你，你今天给我一个机会，明天我回报你一个惊喜，此时此刻你还有什么可犹豫的呢？"

请思考：材料中的推销员用了什么促成交易的方法？

（2）客户："你让我考虑一下，等一等再说吧！"

推销员："你讲得很有道理，像保险这样的长期投资你就应该通盘考虑全面分析才对，但是正因为是长期投资才应该购买人寿保险，为什么这样讲呢？你看一看西方国家的保险它已广泛深入人心，人人都有保险，人人都有保障，况且我国实行改革开放政策，同发达国家并轨，西方国家的昨天，就是我们国家的明天，你不妨回顾一下你周围的人，都购买了我们中国人寿保险公司的保险，还有你的孩子在学校也不都参加了保险了吗？由此可见，保险已成了生活的必需品，尤其像你这样有超前意识，明智的人就更应该购买人寿保险，为你的将来作一个打算，你看你也了解了我们的公司，知道了符合你需要的人寿保险，同时也认可了我这个推销员，何不当机立断作出决断呢？现在我就给你来个现场办公，马上给予办理。"

请思考：材料中的推销员用了什么促成交易的方法？

（3）客户："现在我没有钱，等到我有钱，我再去找你不就行了吗？"

推销员："你现在没有钱不要紧，正巧我身上带的有钱，我现在先给你办，等我三天办好以后给你送保单的时候你带给我钱不就行了吗？"

客户："不，不！谢谢你了，我现在的确没有钱，等我有钱一定找你办理。"

推销员："你看这样行不行？你量力而行办保险先分两步走：第一步，你先办理一份交费少的保险，每月仅仅需要交纳 60 多元的重大疾病保险和人身意外伤害保险，这样你就建立一个基本的风险保障，以应对不测；第二步，等到你将来经济条件好转了，你再追加保障大的险种不就行了吗？"

客户："你讲得都对，而我现在的确连每月 60 多元都交不起，怎能办保险呢？"

推销员："你可真会开玩笑，你每月的手机费、香烟费也不止 60 元，你难道说宁可花钱购买香烟抽却不能为你的健康的身体花一点钱，况且抽烟有害，不利于健康，而你购买我们的保险却是利国利民又利己的好事，难道说你不乐意购买吗？更何况你一旦购买了我们的保险，就有人关心你爱护你，有人替你服务，最为主要的是一旦你真有什么意外，我会及时地出现在你的面前，嘘寒问暖给你送上一笔急需的现金，请你给我一次服务的机会吧！"

客户："你的服务真是太热情了，但是我每月还是交不起 60 多元。"

推销员："这样我想介绍一种绝对让你交得起的保险，每天仅仅需要 5 角钱的意外伤害保险，全年 180 元，我们中国人寿保险公司的老派产品，很受广大市民的欢迎，是符合你的最佳保险。它交费少，保障高，是我们公司的爱心产品，今天我把保单已带来，就请你办了吧，况且保险的确对你有好处。"

请思考：材料中的推销员用了什么促成交易的方法？

（4）客户："我还是要等一等再买保险。"

推销员："保险你可以等，但风险你可以等吗？买保险就是买健康和买保障，不怕一万就怕万一，万一有风险，保险就是你给家庭的避风港和救生圈，人生在世，如海上行船，有风和日丽也有惊涛骇浪，我们不能把握天气，却可以准备好救生衣。保险是我们每一个家庭都需要的，迟办不如早办，早办不如现在就办，早买早受益，早得保障。"

请思考：材料中的推销员用了什么促成交易的方法？

（5）客户："我暂时不需要保险，等我需要时我再找你。"

推销员："人总是要老的，老了总是要钱来养的；人总是要生病的；生病总是要钱看的，年轻力壮之时依靠身体来赚钱，年老体弱之时花钱买健康。你如果说单一依靠储蓄来养老，那未免太单一，如果说我们不幸生病，银行是不会给我们报销医疗费的；如果我们有一日驾鹤仙去，银行能给你我一笔风险金吗？显然不行。我们的人寿保险是帮助你做理财计划。有人讲：'吃不穷，用不穷，不会计划一生穷'，保险其实也是一种变相的储蓄，它只不过是分散投资罢了。它一方面是强制储蓄；另一方面是帮助你有计划地使用现金，有病时它既可以给你报销医疗费，意外时又可以给你伤残基金，万一哪一天我们出差永远地远行，它还可以给我们的家人留下一笔可观的生活费，这样的保险金你不需要吗？"

请思考：材料中的推销员用了什么促成交易的方法？

（6）客户："我没有时间谈保险，以后再讲吧！"

推销员："我知道像你这样的成功人士时间一直很紧，工作一直很忙，但是我能否给你提个小小的建议，有人曾经这样讲过：'你的事业干得再好，也是他人的；你的金钱再多，也是儿女的；而你的身体却是你自己和家人的'，你是这样把你100%时间都投入到工作当中，而你为什么不能给自己留一点点时间？哪怕 1%也好，为你的将来作一个规划设计呢？你就算不为自己想一想，也要为你的家庭和孩子着想，为你和家人办理一份保障，以解决你的后顾之忧，省一点时间，费一点事情，省一点零花钱，办一点保险，保你一家平安，显你一世英明，我相信今天你明智的选择，必然换来明日的辉煌，你说是吗？"

请思考：材料中的推销员用了什么促成交易的方法？

（7）客户："我下个月再保，你下个月再来吧！"

推销员："人的一生，旦夕祸福，谁也不能预知明天的风雨，我们不能把握天气，却可以出门带把雨伞，买保险就像买一把雨伞，不能等到雨来了再买，饱带干粮晴带伞，有备无患，有保无险，买保险这是越早越好！"

请思考：材料中的推销员用了什么促成交易的方法？

（8）客户："我现在年轻，不需要保险。"

推销员："你年轻真是太好了，我可真羡慕你有这样辉煌的年龄啊！风华正茂，意气风发，正是大展宏图之时，然而不因为你年轻，风险就远离你，疾病就绕开你。也正是因为你年轻，我才向你推销保险，一则你年轻办保险，保费交得少，保障高；二则你身体好，不需要体检，办起来容易简单；三则正因为你年轻，你有充分的挣钱的能力和充足的缴费能力，你不会感到缴费的压力，你看发票和投保的文件我已带齐，这是《投保单》和'健康状况调查表'，你看一遍，填写一下，我现在就给你办理！"

请思考：材料中的推销员用了什么促成交易的方法？

（9）客户："我生活很平静，不需要保险。等到我需要的时候，我再去找你。"

推销员A："我真的很羡慕你有这样平静的生活，不像我们搞销售的，每天工作压力这么大，每日东奔西走，很是辛苦。平淡的生活是令人心驰神往、钦佩不已的，但是俗语说得好：'人无远虑，必有近忧，未雨绸缪，居安思危。'我们不能仅仅满足目前的一时平静的生活，而是渴望终身的安康和幸福，为此你需要为你一生的平静和幸福作一个充分的准备，趁着年轻办理一份终身的保障，以彻底解除你的后顾之忧，希望你能给我一次为你服务的机会。"

推销员B："我知道您很幸福，我真的好羡慕您，然而我们今天的平静，并不代表明天安宁，正如我们此时此刻遇到企业破产，职工下岗分流一样，五年前你我谁也没有料到社会会走到今天这个地步，国营单位也不保险，您难道还能指望单位保险一辈子吗？外国人都是通过保险来解决后顾之忧的，小孩子生下来父母就给他们办理了各种各样的保险，等他们长大成人以后自己又办理了许多保险，我国正在向发达国家靠拢，政府正在摆脱企业的包袱，以后只有依靠自己才是唯一正确的选择，像您这样聪明的人难道还要等到以后办理保险吗？何不当机立断呢？此时此刻我就在您的身旁，为您服务，请问您还犹豫什么？"

请思考：材料中的推销员A和B分别用了什么促成交易的方法？

（10）客户："我现在不想买保险，等到我年龄大的时候，想买时再去找你，反正你又不会出国。”

推销员：“你讲得也有道理，但是到时你的年龄大了，你想保就怕我们公司都不一定给你保，因为年龄大了，一则我们要体检，你的身体一旦不合格我们要拒保；二则你的年龄大了，保险费也很贵，保险不合算；三则风险无处不在，‘不怕一万，就怕万一’，有备无患，有保无险，买保险还是越早越好。而此刻投保交费少，保障高正合适。”

请思考：材料中的推销员用了什么促成交易的方法？

实 训 项 目

1．课内模拟演练

以小组为单位，采用角色扮演法，自编、自导、自排、自演一部推销作品，基本内容包括：想象客户拒绝的理由及推销人员的表现；在交易不成的情况下与客户道别；运用各种促成交易的方法和技巧达成交易，然后记录下成交过程。

2．课外实战训练

校园真实推销大赛（经营范围：食品、服装、日用品等）。

（1）成立推销大赛组织委员会，并确定推销大赛时间、地点，做好宣传工作。

（2）做好人员分组（5～6人），推选主要负责人一人。

（3）推销产品选定及洽谈工作（联系相应商家）。

（4）每组1～2个摊位，推销选定的产品。

（5）比赛结束后，每组提交一份总结本次本组在大赛中的长处与不足，并分析原因。

参考文献

[1] 杨捷，陈瑛．推销与谈判技巧［M］．北京：科学出版社，2011.

[2] 于翠华．推销技术［M］．北京：清华大学出版社，2011.

[3] 张雁白．现代推销学［M］．北京：中国人民大学出版社，2011.

[4] 申纲领．谈判与推销［M］．北京：电子工业出版社，2010.

[5] 王林雪．商务谈判与推销技术［M］．西安：西安电子科技大学出版社，2010.

[6] 石春玲．商务谈判与推销［M］．成都：西南财经大学出版社，2010.

[7] 崔利群，苏巧娜．推销与沟通技巧［M］．北京：高等教育出版社，2010.

[8] 赵柳村．推销与谈判实务［M］．广州：暨南大学出版社，2009.

[9] 王国梁．推销与谈判技巧［M］．北京：机械工业出版社，2009.

[10] 董原．商务谈判与推销技巧［M］．广州：中山大学出版社，2009.

[11] 王若军．谈判与推销［M］．北京：清华大学出版社，2007.

[12] 龚荒．商务谈判与推销技巧［M］．北京：清华大学出版社，2005.

[13] 周琼．商务谈判与推销技术［M］．北京：机械工业出版社，2005.

[14] 张逎英．推销与谈判［M］．上海：同济大学出版社，2003.

[15] 左小平．谈判与推销技巧［M］．重庆：重庆大学出版社，1998.

[16] 索森，韦斯特． 快速销售法［M］．王婵龙，吴婷，译．北京：企业管理出版社，2010.

[17] 维托．催眠推销法［M］．马旭，潘文东，译．北京：企业管理出版社，2008.

[18] 宋辉．快速消费品销售技能训练［M］．北京：企业管理出版社，2004.